collection Pixel Memo

InDesign CC

Les fonctions essentielles

(édition 2019)

pour PC/Mac

ISBN : 978-2-409-01901-2
Imprimé en France

Editions ENI
Rue Benjamin Franklin
44800 St HERBLAIN

Tél. 02.51.80.15.15
Fax 02.51.80.15.16

e-mail : editions@eni.fr
http://www.editions-eni.com

Auteur : Christophe AUBRY
Collection **Pixel Memo** dirigée par Corinne HERVO

Avant Propos

Cet ouvrage a été conçu pour vous aider à retrouver rapidement les principales fonctions offertes par le logiciel de mise en page InDesign CC. Les captures d'écran ont été réalisées sous environnement Macintosh avec la version 14.0.2 d'InDesign parue en 2019. Les manipulations sont détaillées et illustrées dans le but de faciliter leur application. Vous trouverez dans les dernières pages de cet ouvrage un index thématique.

Tout au long de ces pages, nous avons adopté les conventions typographiques suivantes :

Ce style de caractère est utilisé pour :

gras indiquer une option du menu ou d'une boîte de dialogue à activer.
italique un commentaire ou une remarque.
⇥ symboliser les touches du clavier ; lorsque deux touches sont placées l'une à côté de l'autre, vous devez appuyer simultanément sur les deux touches.

Le symbole introduit :

▷ la manipulation à exécuter (activer une option, cliquer avec la souris...)
⇨ une remarque d'ordre général sur la commande en cours.

Table des Matières

INDESIGN CC

COMPOSITIONS

TEXTE ET BLOCS

GRAPHISME

LONGS DOCUMENTS

ÉCHANGE D'ÉLÉMENTS

DIFFUSION

1.1 Interface

A- La Creative Cloud

La Creative Cloud d'Adobe vous permet de vous abonner aux outils que vous souhaitez. Vous avez accès à différentes formes d'abonnement mensuel : abonnement individuel, abonnement pour les équipes, les entreprises, les enseignants, pour un seul produit...

Une fois votre identifiant créé et votre abonnement acquis, vous pourrez gérer votre abonnement et vos logiciels avec l'application ***Adobe Creative Cloud****.*

▷ Pour installer les logiciels, cliquez dans l'onglet **Apps**.

Une fois l'installation terminée, vos applications installées sur votre machine sont listées dans l'onglet ***Apps****, dans le sous-onglet* ***INSTALLEES****.*

INDESIGN CC

*Si des mises à jour de logiciel sont disponibles, Adobe Creative Cloud vous l'indique dans l'onglet **Apps** avec le bouton **Mettre à jour**.*

- L'onglet **Comprendre** permet d'accéder à des ressources en ligne sur l'utilisation d'InDesign.
- L'onglet **Fichiers** permet de synchroniser les fichiers utilisés avec les applications Adobe Creative Cloud, dans votre espace de stockage sur le Cloud d'Adobe.
- L'onglet **Polices** permet de gérer les polices de caractères achetées sur Adobe Fonts.
- L'onglet **Stock** permet d'acheter des images d'illustration.
- L'onglet **Behance** permet d'accéder à des créations de designers pouvant être des sources d'inspiration.

B- Découvrir l'interface de l'application

Après démarrage de l'application, vous visualisez l'interface d'InDesign quasiment identique entre les versions Mac et PC.

Sous Mac :

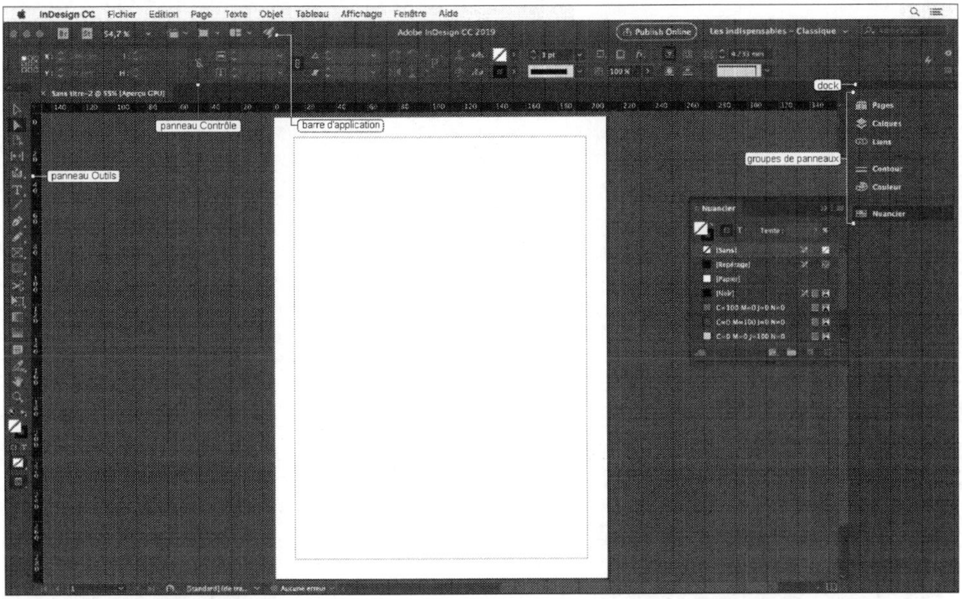

Sur PC, vous obtenez le même écran que sous Mac, la barre des menus se trouvant de façon classique en haut de la fenêtre de l'application et la **barre d'application** à droite des menus :

La **barre d'application** d'InDesign contient des boutons qui permettent de changer l'espace de travail, de modifier le zoom d'affichage et la disposition des documents, de réaliser des recherches ou encore, d'accéder rapidement à Adobe Bridge.

Le panneau **Outils** contient les outils de création et de modification (blocs, texte, images, rotation...).

Le panneau **Contrôle** permet de mettre en forme rapidement les différents éléments de votre composition. C'est un panneau dit "contextuel" car son contenu ainsi que les commandes accessibles par le menu des options du panneau varient en fonction de l'élément sélectionné.

Pour modifier la couleur de l'interface, très sombre par défaut, ouvrez le menu **InDesign** (Mac)/ **Edition** (PC), choisissez l'option **Préférences** puis **Interface**. Dans la zone **Aspect**, choisissez ensuite une des options de la liste **Thème de couleur**.

▷ Pour modifier la position du panneau **Contrôle**, cliquez sur le bouton pour faire apparaître le menu des options du panneau et choisissez **Ancrer en haut**, **Ancrer en bas** ou **Flottant**.

- Pour placer les outils du panneau **Outils** sur deux colonnes ou une seule ligne : **InDesign** (Mac)/ **Edition** (PC) **- Préférences - Interface**. Dans la liste **Panneau d'outils flottant** de la zone **Panneaux**, choisissez **1 colonne**, **2 colonnes** ou **1 ligne**.
- Un simple clic permet d'accéder aux outils principaux. Si d'autres outils sont associés aux outils principaux, vous les repérez à l'aide du petit triangle noir visible en bas à droite des outils concernés. Pour faire apparaître les outils associés, maintenez le bouton gauche de la souris enfoncé lorsque vous cliquez sur l'outil principal.

C- Gérer les panneaux et les docks

Tous les panneaux peuvent être agencés à l'écran selon vos besoins. À l'origine, ils sont regroupés dans des groupes qui sont eux-mêmes placés dans un espace sur la droite de l'écran appelé le ***Dock***.

- Affichez ou masquez l'ensemble des panneaux par .
- Pour activer un panneau, cliquez sur son onglet si celui-ci est visible ; s'il ne l'est pas, cliquez sur le nom du panneau concerné dans le menu **Fenêtre**.
- Pour fermer un panneau, faites un clic droit (PC) ou un Ctrl clic (Mac) sur son onglet puis cliquez sur **Fermer** ou cliquez sur son nom dans le menu **Fenêtre**. Si le panneau est détaché, vous pouvez cliquer sur le bouton pour le fermer.
- Pour détacher un panneau d'un groupe de panneaux, faites glisser son onglet en dehors du dock ; vous pouvez aussi détacher un groupe de panneaux d'un dock en faisant glisser la petite barre en pointillés en dehors du dock.
- Pour déplacer un panneau, faites glisser son onglet vers sa nouvelle position, dans le même ou dans un autre groupe de panneaux ; dans le cas d'un autre groupe, celui-ci peut faire partie du même dock ou d'un autre.
- Pour réduire l'affichage d'un groupe de panneaux ouvert, faites un double clic sur un onglet du groupe de panneaux : seuls les onglets sont désormais visibles. Pour développer de nouveau le groupe de panneaux, cliquez sur un onglet du groupe de panneaux.

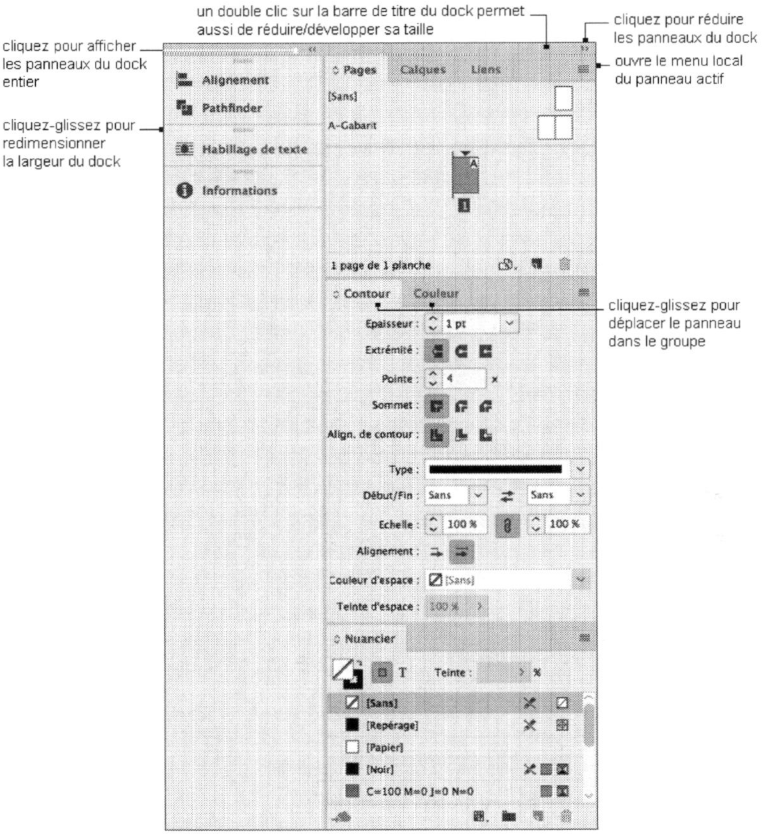

▷ Pour créer un groupe de panneaux, faites glisser entre deux groupes existants l'onglet du premier panneau devant être inséré dans le nouveau groupe, puis lâchez le bouton de votre souris lorsque vous visualisez un trait horizontal bleu à l'emplacement souhaité.

▷ Pour créer un dock, faites glisser à droite ou à gauche d'un dock existant le premier panneau ou le premier groupe de panneaux devant être inséré dans le nouveau dock, puis lâchez le bouton de votre souris lorsque vous visualisez un trait vertical bleu à l'emplacement souhaité.

Lorsqu'il n'y a plus de panneau ou de groupe dans un dock, celui-ci disparaît automatiquement.

⇨ *Pour retrouver l'espace de travail d'origine, cliquez sur le menu* ***Fenêtre****, choisissez l'option* ***Espace de travail*** *puis cliquez sur l'option* ***Réinitialiser "nom de l'espace de travail"****.*

D- Personnaliser l'environnement de travail

▷ Pour personnaliser le contenu du panneau **Contrôle**, cliquez sur le bouton visible à droite de celui-ci puis cliquez sur le bouton **Personnaliser**.

En fonction de ce que vous souhaitez voir apparaître ou non dans le panneau **Contrôle**, cochez ou décochez les options correspondantes dans chacune des catégories, puis validez par le bouton **OK**.

- Pour mémoriser votre espace de travail : **Fenêtre - Espace de travail - Nouvel espace de travail**. Saisissez un **Nom** et validez par le bouton **OK**.
- Pour utiliser un nouvel espace de travail, cliquez sur son nom dans le menu **Fenêtre - Espace de travail**.
- En plus des espaces de travail créés par vous, vous pouvez utiliser ceux proposés par InDesign (ils apparaissent entre crochets).
- Pour supprimer un espace de travail personnalisé, faites **Fenêtre - Espace de travail - Supprimer l'espace de travail**, sélectionnez l'espace de travail à supprimer puis cliquez sur **Supprimer**.
- Pour retrouver l'état initial de l'espace de travail actif (personnel ou prédéfini), dans le menu **Fenêtre - Espace de travail**, choisissez **Réinitialiser "nom de l'espace de travail"**.
- Pour personnaliser les menus, utilisez la commande **InDesign** (Mac)/**Edition** (PC) - **Menus**. La commande **Indesign** (Mac)/**Edition** (PC) - **Raccourcis clavier** permet, quant à elle, de personnaliser les raccourcis-clavier.

⇨ *Pour renseigner une valeur dans une zone d'édition d'un panneau, vous pouvez sélectionner une valeur dans la liste déroulante, saisir directement la valeur (si vous ne précisez pas l'unité, l'unité par défaut est utilisée), augmenter ou diminuer la valeur sélectionnée par pas de 1 en 1 en utilisant les touches* [↑] *ou* [↓]*, ou de la valeur de l'incrément par défaut du champ (souvent 10) avec les touches* [⇧] [↑] *ou* [⇧] [↓]*. Vous pouvez aussi effectuer des calculs dans les zones d'édition numériques.*

1.2 Affichage

A- Afficher/masquer les règles horizontale et verticale

- **Affichage - Masquer les règles** ou **Afficher les règles** ou [Ctrl] **R** (PC) ou [cmd ⌘] **R** (Mac)

  Vous pouvez aussi cliquer sur le bouton  *dans la* ***barre d'application*** *puis sur l'option* ***Règles***.

⇨ *Pour définir l'unité des règles :* ***InDesign*** *(Mac)/****Edition*** *(PC)* ***- Préférences - Unités et incréments****. Choisissez l'unité voulue dans les listes* ***Horizontale*** *et* ***Verticale*** *de la zone* ***Unités de la règle****.*

B- Modifier l'origine des règles

- Pour définir la position par défaut de l'origine des règles : **InDesign** (Mac)/**Edition** (PC) **Préférences - Unités et incréments**. Dans la liste **Origine** de la zone **Unités de la règle**, choisissez :

  Planche : pour que l'origine soit en haut à gauche de la surface des deux pages.

  Page : pour que l'origine soit en haut à gauche de chaque page dans le cas d'une composition en recto verso (pages en vis-à-vis).

  Dos : pour que l'origine soit sur le dos de reliure de chaque double page (dans ce cas, vous ne pourrez pas modifier l'origine des règles).
- Pour modifier l'origine des règles d'une composition, faites un cliqué-glissé depuis la case d'intersection des deux règles en haut à gauche et relâchez là où vous souhaitez positionner la nouvelle origine.
- Pour replacer l'origine à sa position initiale, faites un double clic dans la case d'intersection des deux règles.
- Pour verrouiller la position de l'origine, affichez le menu contextuel dans la case d'intersection des deux règles et choisissez **Verrouiller l'origine** ; de nouveau un clic sur cette option permet de déverrouiller la position de l'origine.

C- Afficher et paramétrer la grille du document

▷ **Affichage - Grilles et repères - Afficher la grille du document** ou Ctrl **<** (PC) ou cmd ⌘ **'** (Mac)

▷ Pour que tous les éléments de votre composition se "calent" sur les repères de la grille : **Affichage - Grilles et repères - Magnétisme de la grille**, ou Ctrl ⇧ **<** (PC) ou cmd ⌘ ⇧ **'** (Mac).

▷ Pour déterminer la zone de magnétisme autour des repères : **InDesign** (Mac)/**Edition** (PC) - **Préférences - Repères et table de montage**. Dans le champ **Zone de magnétisme** de l'encadré **Options de repère**, saisissez la valeur souhaitée exprimée en pixels puis validez par **OK**.

⇨ *Pour paramétrer la grille du document : **InDesign** (Mac)/**Edition** (PC) - **Préférences - Grilles**. Dans l'encadré **Grille du document**, vous pouvez modifier la **Couleur**, l'unité principale de la grille dans les champs **Pas** ainsi que l'unité secondaire dans les champs **Subdivisions**.*

D- Créer des repères de règle

▷ Faites un cliqué-glissé depuis la règle horizontale ou verticale vers la page du document pour créer un repère de page, vers la table de montage pour créer un repère de double page.

Le repère de règle apparaît de couleur cyan sur la page avec l'indication de la position dans la cartouche à côté du pointeur.

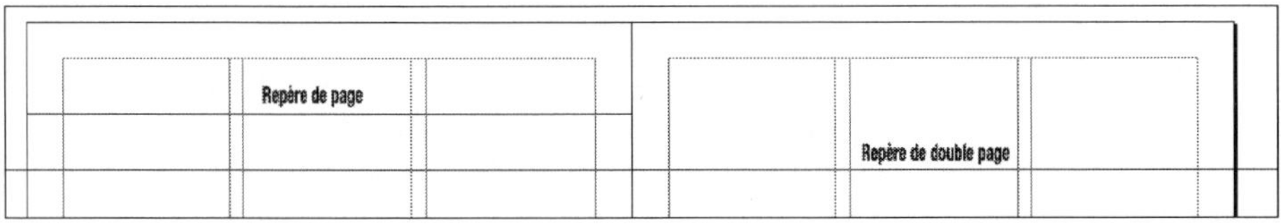

▷ Pour créer en même temps un repère de règle horizontal et vertical, appuyez sur la touche cmd ⌘ (Mac) ou Ctrl (PC) et faites un cliqué-glissé depuis la case d'intersection des deux règles.

▷ Pour créer des repères à espacements réguliers : **Page - Créer des repères**.

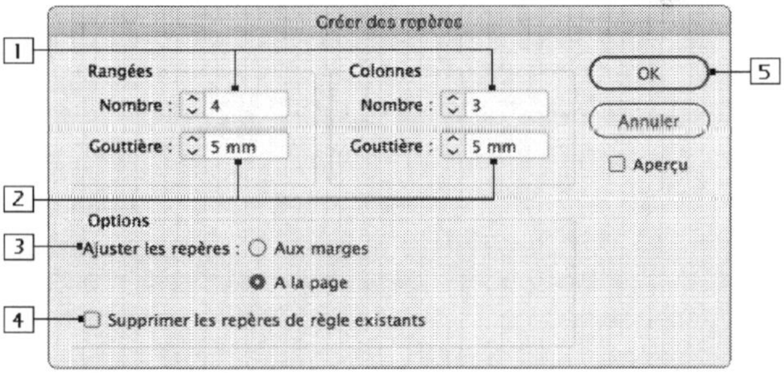

1 Indiquez le nombre de "zones" délimitées par les repères que vous souhaitez avoir.

2 Spécifiez l'espace entre les couples de repères.

3 Indiquez si les repères doivent être placés dans la zone définie par les marges ou par les bords de la page.

4 Cochez cette option si vous souhaitez supprimer des repères existant déjà.

5 Validez.

E- Gérer les repères de règle

- Pour afficher/masquer les repères : **Affichage - Grilles et repères - Afficher les repères** ou **Masquer les repères** [cmd ⌘] **$** (Mac) ou [Ctrl] **$** (PC).
- Pour activer/désactiver le magnétisme des repères, faites **Affichage - Grille et repères - Magnétisme des repères** ou [cmd ⌘] [⇧] **$** (Mac) ou [Ctrl] [⇧] **$** (PC).
- Pour éviter de déplacer par mégarde des repères, faites **Affichage - Grilles et repères - Verrouiller les repères** ou [cmd ⌘] [alt] **$** (Mac) ou [Ctrl] [Alt] **$** (PC).
- Pour sélectionner un repère, cliquez dessus avec l'outil **Sélection**. Vous pouvez sélectionner plusieurs repères en utilisant la touche [⇧].
- Pour déplacer un repère non verrouillé, sélectionnez-le et glissez-le à l'endroit voulu.

  *Vous pouvez aussi saisir directement une valeur dans la zone d'édition **X** ou **Y** du panneau **Contrôle**.*
- Pour supprimer un repère sélectionné, appuyez sur la touche [Suppr] ou [←].
- Pour supprimer tous les repères, sélectionnez-les tous avec le raccourci-clavier [cmd ⌘] [alt] **G** (Mac) ou [Ctrl] [Alt] **G** (PC) puis appuyez sur la touche [Suppr] ou [←] ou faites **Affichage - Grilles et repères - Supprimer tous les repères sur la planche**.

⇨ *Vous pouvez modifier la **Couleur** des repères : sélectionnez-les et utilisez la commande **Page - Repères de règle**. Pour modifier la couleur des nouveaux repères, n'en sélectionnez aucun.*

⇨ *Par défaut, les repères de règle se placent au-dessus de tous les autres éléments de la composition. Pour modifier cet ordre : **InDesign** (Mac)/**Edition** (PC) - **Préférences - Repères et table de montage**. Dans l'encadré **Options de repère**, cochez l'option **Repères en arrière-plan**.*

F- Modifier le zoom d'affichage

À l'aide de la souris

- Cliquez sur l'outil **Zoom** puis cliquez sur votre document : le zoom augmente d'un facteur prédéfini, jusqu'à 4 000% maximum. Utilisé avec la touche [Alt] (PC) ou [alt] (Mac), l'outil diminue le zoom.

  La valeur du zoom s'affiche dans l'onglet de la fenêtre du document.

  Vous pouvez aussi effectuer un cliqué-glissé sur la zone à zoomer.

  Vous pouvez également choisir une valeur de zoom dans la liste **Niveau de zoom** de la barre d'application ou saisir une valeur et valider par [↵].

À l'aide du menu

- Cliquez sur le menu **Affichage** et choisissez :

Zoom avant ou **Zoom arrière**	Identiques à la loupe + et à la loupe -.
Ajuster la page à la fenêtre ou **Ajuster la planche à la fenêtre**	Permet de voir le document en entier quelle que soit la taille de la fenêtre.
Taille réelle	Permet d'obtenir un zoom à 100%.
Table de montage	Permet de visualiser entièrement la table de montage quelle que soit la taille de la fenêtre.

⇨ *Un double clic sur l'outil **Main** équivaut à l'option **Ajuster la page/la planche à la fenêtre**. Cet outil permet également de déplacer le document dans la fenêtre du document. Cet outil est accessible en maintenant la barre d'espace enfoncée, quand vous n'êtes pas en édition de texte.*

G- Gérer l'affichage des fenêtres de document

Par défaut, lorsque vous ouvrez un document, celui-ci affiche son contenu dans une fenêtre auquel est associé un onglet reprenant le nom du document. Si plusieurs documents sont ouverts, vous visualisez les onglets correspondants dans l'espace de travail, formant ainsi un groupe de fenêtres.

▷ Si plusieurs documents sont ouverts, modifiez l'ordre de la fenêtre d'un document en faisant glisser son onglet vers le nouvel emplacement.

▷ Pour détacher une fenêtre du groupe de fenêtres et ainsi rendre cette fenêtre flottante, faites glisser l'onglet correspondant hors du groupe.

*Vous pouvez aussi activer le document concerné en cliquant sur son onglet puis utiliser la commande **Fenêtre - Disposition - Faire flotter dans la fenêtre**.*

▷ Pour détacher toutes les fenêtres du groupe et ainsi rendre toutes ces fenêtres flottantes, utilisez la commande **Fenêtre - Disposition - Tout faire flotter dans les fenêtres**.

▷ Pour ancrer une fenêtre de document flottante au groupe de fenêtres, faites glisser sa barre de titre au niveau des onglets des autres fenêtres du groupe.

▷ Pour ancrer toutes les fenêtres de document flottantes et ainsi former un groupe de fenêtres, utilisez la commande **Fenêtre - Disposition - Regrouper toutes les fenêtres**.

▷ Pour afficher les fenêtres des documents en **Mosaïque** ou en **Cascade**, cliquez sur l'option correspondante du menu **Fenêtre - Disposition** ; les fenêtres peuvent être disposées en cascade uniquement si celles-ci sont flottantes.

▷ Si plusieurs documents sont ouverts, vous pouvez les réorganiser à l'écran en choisissant une des dispositions proposées dans la liste associée au bouton **Disposition des documents** de la barre d'application ; pointez un bouton permet d'afficher sa signification.

⇨ *Pour choisir ou non d'**Ouvrir les documents en tant qu'onglets**, cochez ou décochez l'option correspondante de la boîte de dialogue **Préférences** (**InDesign** (Mac)/**Edition** (PC) - **Préférences - Interface**).*

H- Modifier le mode d'affichage

▷ Dans le menu **Affichage - Mode de l'écran**, cliquez sur :

Normal : pour afficher tous les éléments non imprimables (grille, repères...) ; c'est le mode d'affichage actif par défaut.

Aperçu : pour masquer tous les éléments non imprimables (grille, contours de blocs...).

Fond perdu ou **Ligne-bloc** : pour afficher le document sans les repères et en visualisant le fond perdu ou la ligne-bloc.

Pour plus d'informations sur le fond perdu et la ligne-bloc, reportez-vous au chapitre 2.1 - A - Créer un document.

Présentation : pour afficher la composition sur fond noir sans aucun autre élément d'affichage (pas de menu, ni de panneau...).

▷ Pour retrouver l'affichage standard, faites **Affichage - Mode de l'écran - Normal** ou appuyez sur la touche Echap.

⇨ *Pour modifier le mode d'affichage, vous pouvez aussi utiliser le dernier outil du panneau **Outils** ou encore le bouton **Mode de l'écran** de la barre d'application.*

2.1 Documents

A- Créer un document

▷ **Fichier - Nouveau - Document** ou Ctrl **N** (PC) ou cmd ⌘ **N** (Mac)

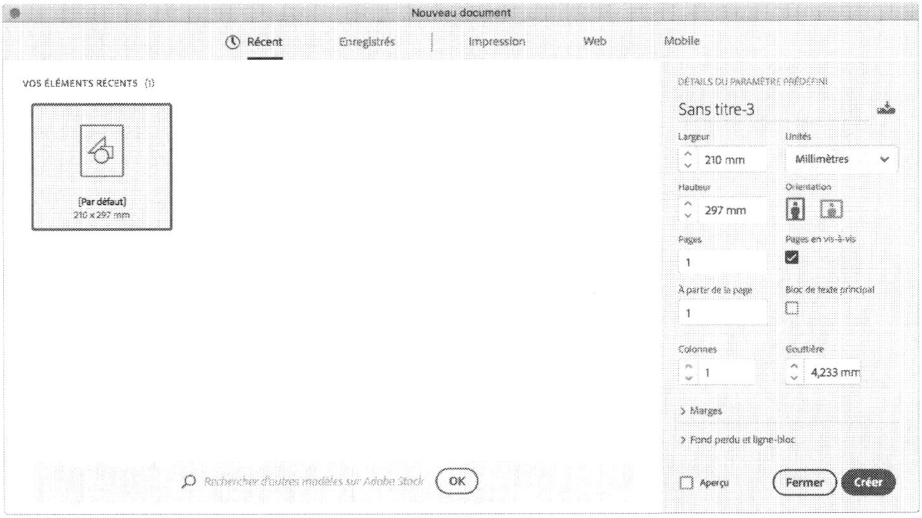

Dans la partie supérieure de la fenêtre :

▷ L'onglet **Récent** vous affiche les derniers formats de document que vous avez créés.

▷ L'onglet **Enregistrés** permet d'accéder aux formats de document que vous avez mémorisés.

▷ L'onglet **Impression** affiche des modèles de format de document dédiés à l'impression papier.

▷ L'onglet **Web** affiche des modèles de format de document dédiés à l'affichage sur le Web.

▷ L'onglet **Mobile** affiche des modèles de format de document dédiés à l'affichage sur mobile.

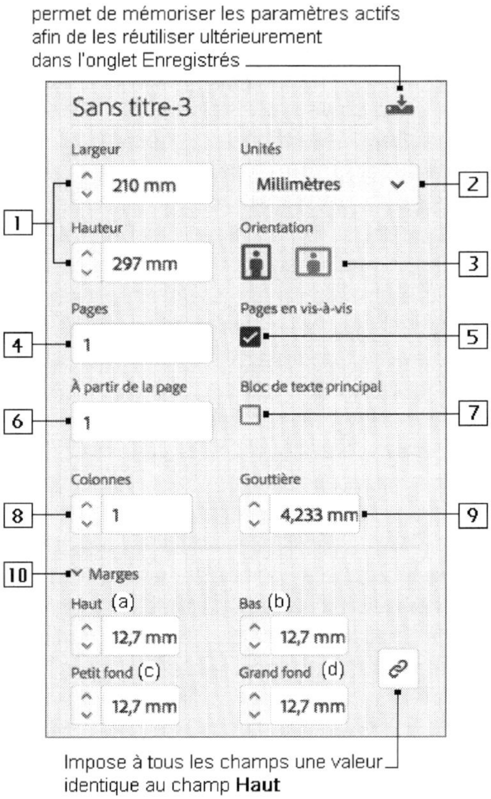

1 Choisissez une **Largeur** et une **Hauteur** pour le document.

2 Dans la liste déroulante, choisissez une unité pour la largeur et la hauteur.

3 Choisissez un format vertical (portrait) ou horizontal (paysage).

4 Indiquez combien de pages doit contenir le document.

5 Cochez cette option pour créer un document avec des pages recto verso.

6 Indiquez quel doit être le numéro de la première page du document.

7 Cochez cette option pour qu'un bloc de texte soit présent dans le nouveau document.

8 Indiquez le nombre de repères de colonnes que vous souhaitez avoir.

9 Spécifiez l'espace entre chaque repère de colonne.

10 Déterminez l'espace entre la limite du papier et les éléments de la composition : pour la partie supérieure de la page (a), la partie inférieure (b), la partie gauche ou la partie centrale (c) quand le document est en recto verso et la partie droite ou la partie extérieure (d) quand le document est en recto verso.

▷ Cliquez sur **Créer** pour créer le document.

La page apparaît sur la table de montage, la zone blanche autour de la page.

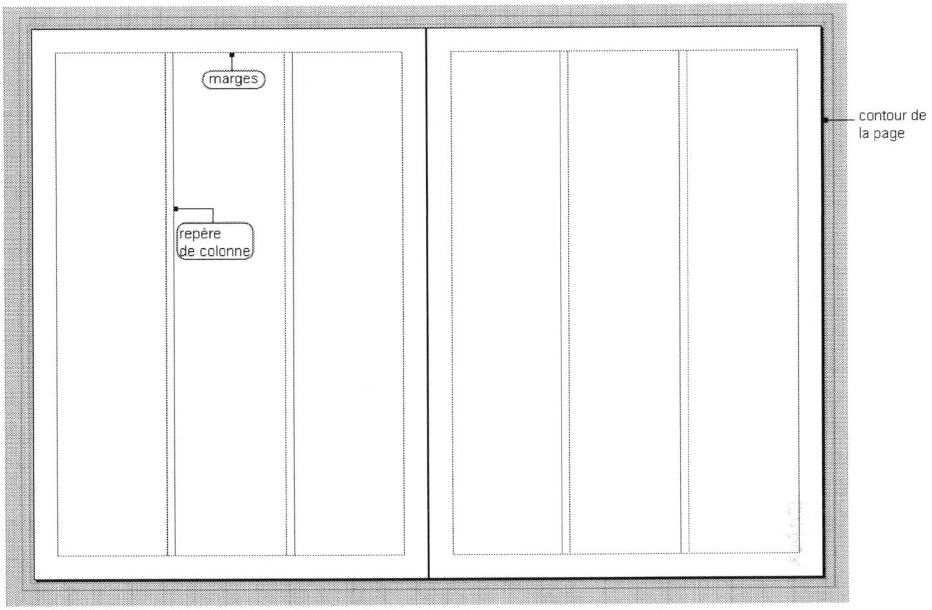

⇨ *Vous pouvez modifier les couleurs des différents éléments constitutifs de la table de montage : **InDesign** (Mac)/**Edition** (PC) - **Préférences - Repères et table de montage** - zone **Couleur**.*

⇨ *Pour créer un document basé sur un modèle, dans la boîte de dialogue **Ouvrir un fichier** (**Fichier - Ouvrir**), sélectionnez le modèle (extension .indt), activez l'option **Ouvrir normal** (sur PC, l'option **Normal** associée à l'option **Ouvrir sous**) puis cliquez sur le bouton **Ouvrir**. Un document nommé **Sans titre-n** est ouvert. Travaillez dans ce document et enregistrez-le de manière classique (cf. C - Enregistrer un document).*

B- Modifier la mise en page

▷ Pour modifier le format de page, le type de document (recto verso ou non), l'orientation, le fond perdu et/ou la ligne-bloc, utilisez la commande **Fichier - Format de document**.

Le format de page affecte toutes les pages du document.

▷ Pour modifier les marges et les repères de colonnes, utilisez la commande **Page - Marges et colonnes**.

Les modifications réalisées s'appliquent aux pages sélectionnées dans le panneau **Pages** (**Fenêtre - Pages** ou F12).

Reportez-vous au titre A - Créer un document pour plus d'informations sur ces options.

Modifiez les options voulues puis validez par **OK**.

⇨ *Pour modifier la largeur des colonnes, utilisez le menu **Affichage - Grilles et repères** puis décochez l'option **Verrouiller les repères de colonne**. Sélectionnez ensuite l'outil **Sélection** puis faites glisser les repères de colonne.*

C- Enregistrer un document

▷ **Fichier - Enregistrer** ou [cmd ⌘] **S** (Mac) ou [Ctrl] **S** (PC)

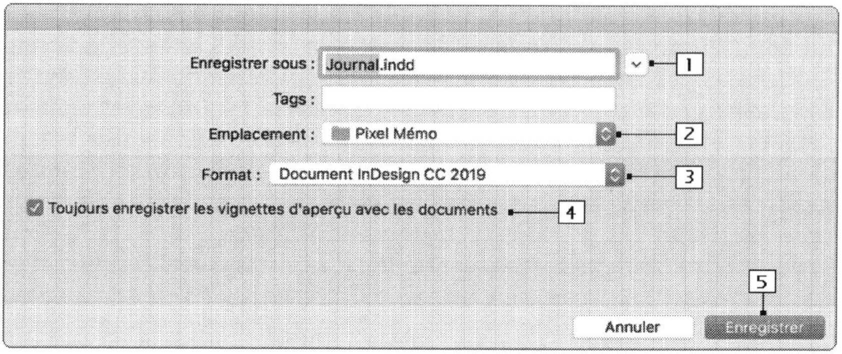

[1] Nommez votre document.

[2] Indiquez dans quel dossier vous souhaitez l'enregistrer.

[3] Si vous souhaitez enregistrer ce document en tant que modèle, ouvrez cette liste et choisissez **Modèle InDesign CC**, sinon laissez l'option **Document InDesign CC** sélectionnée.

[4] Cochez cette option pour avoir une "miniature" du document utilisable avec Adobe Bridge.

[5] Validez.

*Le nom du fichier porte l'extension **.indd** (InDesign Document) dans le cas d'un document, **.indt** (InDesign Template) dans le cas d'un modèle.*

▷ Pour enregistrer tous les documents ouverts, utilisez le raccourci [cmd ⌘] [alt ⌥] [⇧] **S** (Mac) ou [Ctrl] [Alt] [⇧] **S** (PC).

▷ Pour enregistrer une copie du document actif, faites **Fichier - Enregistrer une copie** ou [cmd ⌘] [alt ⌥] **S** (Mac) ou [Ctrl] [Alt] **S** (PC).

⇨ *Pour qu'un destinataire puisse ouvrir un document créé avec la version CC dans une version CS4 et ultérieure, faites **Fichier - Exporter** puis choisissez **InDesign Markup (IDML)** dans la liste **Format** (la liste **Type** sur PC).*

⇨ *Pour retrouver l'état du document tel qu'il était lors du dernier enregistrement et ignorer toutes les modifications apportées depuis, faites **Fichier - Version précédente**.*

D- Ouvrir un document

▷ **Fichier - Ouvrir** ou [cmd ⌘] **O** (Mac) ou [Ctrl] **O** (PC)

▷ Dans la boîte de dialogue **Ouvrir un fichier**, sélectionnez le dossier puis le document à ouvrir.

▷ Cliquez sur le bouton **Ouvrir**.

⇨ *Si le document fait partie des derniers documents ouverts, la commande **Fichier - Ouvrir une composition récente** permet d'y accéder rapidement.*

⇨ *Pour ouvrir un document à l'aide de Bridge, ouvrez* ***Adobe Bridge CC*** *en cliquant sur le bouton* Br *de la barre d'application ou en choisissant la commande* ***Fichier - Parcourir dans Bridge*** *(ou* cmd ⌘ alt ⌥ ***O*** *(Mac) ou* Ctrl Alt ***O****) : Bridge s'ouvre et vous pouvez alors parcourir vos fichiers et les repérer facilement à l'aide des vignettes.*

⇨ *Pour ouvrir un modèle afin de le modifier, dans la boîte de dialogue* ***Ouvrir un fichier*** *sélectionnez le modèle, activez l'option* ***Ouvrir original*** *(sur PC, l'option* ***Original*** *associée à l'option* ***Ouvrir sous****) puis cliquez sur le bouton* ***Ouvrir****.*

2.2 Pages

A- Les pages simples et les pages doubles

▷ Pour visualiser la structure de la composition, affichez le panneau **Pages** : **Fenêtre - Pages** ou F12 (PC) ou cmd ⌘ F12 (Mac).

Quand vous créez un document, si vous ne cochez pas l'option ***Pages en vis-à-vis****, votre document se compose de pages simples. Dans la partie supérieure du panneau, vous visualisez le gabarit ("modèle" de page), qui est bien une page simple.*

Si vous cochez l'option ***Pages en vis-à-vis****, votre document se compose d'une page recto et d'une page verso. Dans le panneau* ***Pages****, vous visualisez la première page de votre composition, qui est une page impaire (une page de droite ou une page recto). Cette première page est à droite de la reliure, symbolisée par un trait vertical. Le gabarit est alors une page double.*

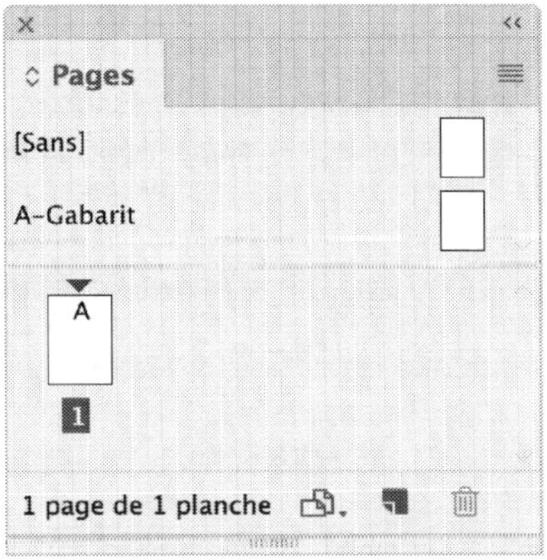

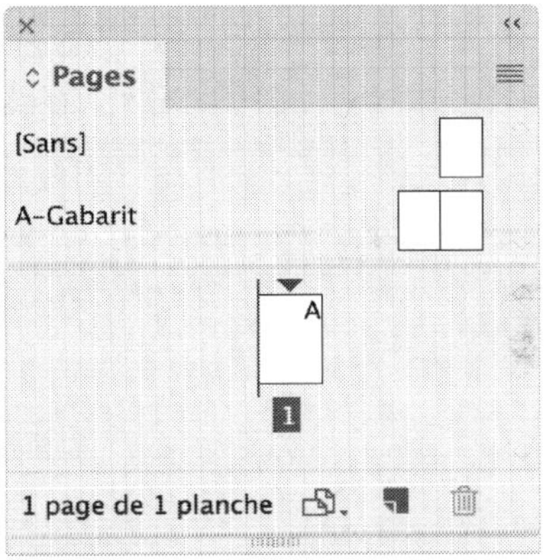

B- Les documents multiformats

Plusieurs formats de page peuvent être utilisés au sein d'un même document.

▷ Sélectionnez l'outil **Page**  du panneau **Outils** puis, dans la composition, cliquez sur la page à modifier ou sélectionnez le gabarit à modifier.

▷ Pour personnaliser le format de la page, utilisez les options du panneau **Contrôle** :

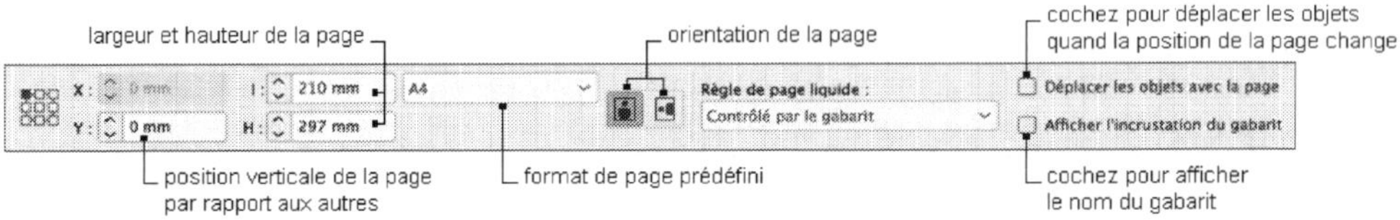

⇨ *L'outil* ***Page***  *permet aussi de modifier la position de la page par un simple cliqué-glissé de celle-ci ; cette méthode peut être également utilisée pour déplacer un gabarit dans la page courante.*

C- Insérer des pages

▷ Ouvrez le menu des options du panneau **Pages** et choisissez **Insérer des pages**.

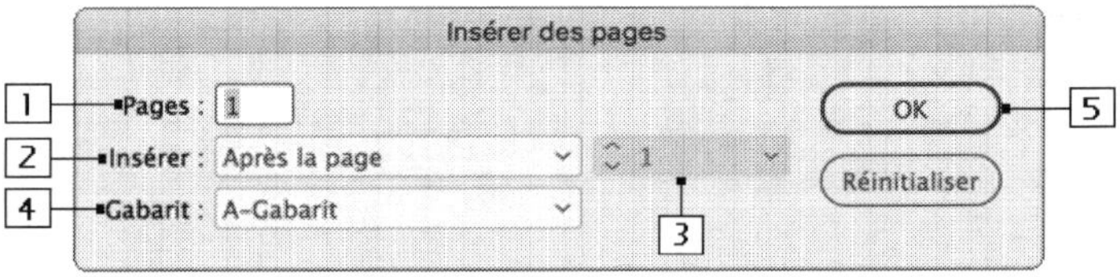

[1] Indiquez le nombre de pages que vous souhaitez insérer.

[2] Choisissez l'emplacement des nouvelles pages : **Après la page**, **Avant la page**, **Au début du document** ou **A la fin du document**.

[3] Indiquez si nécessaire le numéro de la page avant ou après laquelle vous souhaitez insérer les nouvelles pages.

[4] Sélectionnez le gabarit devant servir de modèle à la création des nouvelles pages.

[5] Validez.

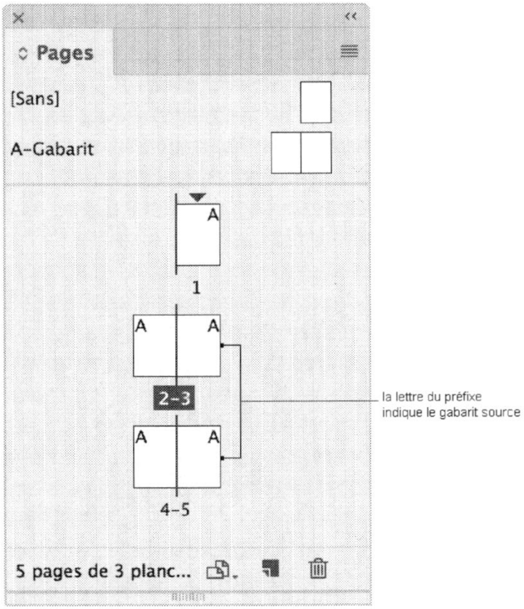

⇨ *Vous pouvez aussi utiliser le bouton* ***Créer une page*** *du panneau* ***Pages****. Par défaut, la nouvelle page apparaît alors après la page sélectionnée.*

⇨ *Vous pouvez créer des pages en glissant-déposant l'icône du gabarit correspondant au type de page voulu visible dans la partie supérieure du panneau, vers l'endroit souhaité dans la partie inférieure du panneau* ***Pages****. Pour pouvoir créer des planches de plus de deux pages, décochez l'option* ***Autoriser la réorganisation des pages du document*** *dans le menu des options du panneau ; pour* ***Autoriser la réorganisation de la planche sélectionnée****, décochez l'option correspondante du menu du panneau* ***Pages****.*

⇨ *Lorsque vous avez besoin d'insérer une page "vide" qui ne présente aucun bloc (pour insérer un graphique, une photographie pleine page...), faites glisser l'icône* ***[Sans]*** *à l'endroit souhaité.*

⇨ *Pour dupliquer des pages, sélectionnez-les et, dans le menu des options du panneau* ***Pages****, choisissez* ***Dupliquer la page****,* ***Dupliquer les pages****,* ***Dupliquer la planche*** *ou* ***Dupliquer les planches****, selon votre sélection initiale.*

⇨ *Pour déplacer une page, il suffit de glisser-déposer l'icône de la page à l'endroit voulu. Dans ce cas, InDesign respecte et conserve toutes les liaisons de blocs de texte.*

D-Sélectionner les pages

▷ Pour sélectionner une page, dans le panneau **Pages**, faites simplement un clic sur la page à sélectionner.

Son icône devient alors bleue. La page n'est pas affichée à l'écran.

▷ Pour sélectionner une planche (deux pages), faites un clic entre les deux numéros de page de la double page.

- Pour sélectionner plusieurs pages successives, faites un clic sur la première, maintenez la touche [⇧] enfoncée et cliquez sur la dernière.
- Pour sélectionner plusieurs pages discontinues, cliquez sur la première, maintenez la touche [cmd ⌘] (Mac) ou [Ctrl] (PC) enfoncée et cliquez sur les autres pages voulues.
- Pour sélectionner une page et l'afficher à l'écran, faites un double clic sur son numéro dans le panneau **Pages** ou utilisez les boutons et le menu déroulant en bas de l'écran :

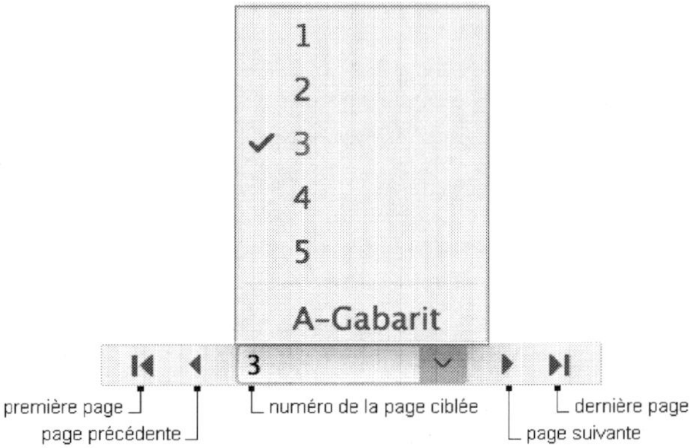

*Dans le panneau **Pages**, l'icône de la page sélectionnée devient bleue et le numéro de la page est affiché en surbrillance sur fond noir.*

E- Supprimer une page

- Sélectionnez la page ou la double page à supprimer dans le panneau **Pages**.
- Dans le menu des options du panneau, choisissez **Supprimer une page** ou **Supprimer une planche** ou cliquez sur le bouton 🗑 en bas du panneau.

  Si cette page contient des éléments, un message de confirmation apparaît pour valider cette suppression.
- Si besoin, cliquez sur le bouton **OK**.

2.3 Gabarits

A- Qu'est-ce qu'un gabarit ?

Un gabarit peut être considéré comme un modèle de page. Sur un gabarit, vous placez tous les éléments communs aux pages de votre composition : blocs de texte (en-tête, pied de page, folio...), blocs images (logos, photographies...), filets... Dès lors que vous apportez une modification sur le gabarit, toutes les pages basées sur ce gabarit sont mises à jour.

Une composition est souvent composée de parties logiques qui ont des mises en page différentes (introduction, corps principal, conclusion, annexes..). Chacune de ces parties pourra être basée sur un gabarit différent. Vous pouvez donc, dans une composition, créer plusieurs gabarits.

Un nouveau document comporte toujours un gabarit par défaut (simple ou doubles pages) nommé **A-Gabarit**, et un gabarit sans bloc nommé **[Sans]** qui permet d'insérer des pages vides.

B- Créer un gabarit

▷ Dans le menu des options du panneau **Pages**, choisissez **Nouveau gabarit**.

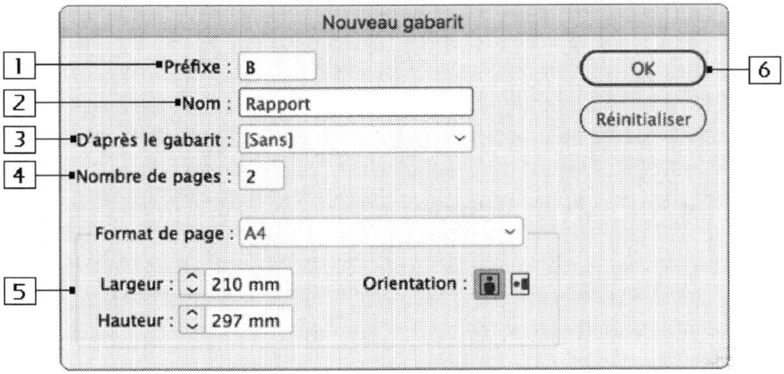

1 Saisissez entre un et quatre caractères. Par défaut, c'est une lettre. Ce préfixe sera visible dans le panneau **Pages** sur toutes les pages qui utiliseront ce gabarit. Chaque page doit avoir un préfixe unique.

2 Saisissez le nom du gabarit qui sera visible dans la partie supérieure du panneau **Pages**. Notez que le préfixe sera toujours visible devant le nom du gabarit.

3 Si vous souhaitez que ce gabarit soit basé sur un gabarit existant, sélectionnez celui-ci dans la liste déroulante.

4 Indiquez combien de pages contient votre gabarit.

5 Choisissez éventuellement un format de page particulier pour ce gabarit.

6 Validez.

*Le nouveau gabarit apparaît dans le panneau **Pages**.*

⇨ *Vous pouvez créer un gabarit en dupliquant un gabarit existant : sélectionnez le gabarit à dupliquer dans le panneau **Pages** puis, dans le menu des options, choisissez **Dupliquer la planche type "X nom du gabarit"**. Vous pouvez ensuite renommer et modifier ce gabarit.*

⇨ *Vous pouvez créer un gabarit à partir d'une page courante correctement mise en page : sélectionnez la page ou la double page dans le panneau **Pages** et choisissez **Gabarits** - **Enregistrer comme gabarit** dans le menu des options. Le nouveau gabarit est basé sur le gabarit dont est issue la page courante.*

⇨ *Pour renommer un gabarit, dans le panneau **Pages**, cliquez sur le nom du gabarit pour le sélectionner et dans le menu des options du panneau, choisissez **Options de gabarit pour**. Dans la boîte de dialogue **Options de gabarit**, saisissez le nouveau **Préfixe** et/ou le nouveau **Nom** puis cliquez sur **OK**.*

⇨ *Pour utiliser les gabarits d'un document déjà créé dans le document ouvert, choisissez **Gabarits** puis **Charger des gabarits** dans le menu du panneau **Pages** puis faites un double clic sur le nom du document contenant les gabarits à charger.*

C- Modifier un gabarit

▷ Dans la partie supérieure du panneau **Pages**, double cliquez sur le nom ou sur l'icône de page du gabarit à modifier.

Dans la partie inférieure de la fenêtre du document, vous visualisez alors le nom du gabarit ouvert.

▷ Créez tous les éléments souhaités : blocs, filets, graphisme... de la même façon que pour une page du document.

Tous les éléments que vous créez dans le gabarit seront immédiatement appliqués aux pages qui utilisent ce gabarit.

▷ Pour modifier les marges et les colonnes d'un gabarit, sélectionnez la page du gabarit concerné dans le panneau **Pages** puis utilisez la commande **Page - Marges et colonnes**.

D- Appliquer un gabarit aux pages courantes

Lorsque vous insérez de nouvelles pages, vous pouvez choisir à partir de quel gabarit ces nouvelles pages vont être créées. En cas d'erreur, vous pourrez bien sûr appliquer un autre gabarit à une page.

▷ Sélectionnez les pages concernées dans le panneau **Pages**.

▷ Dans le menu des options du panneau **Pages**, choisissez **Appliquer un gabarit aux pages**.

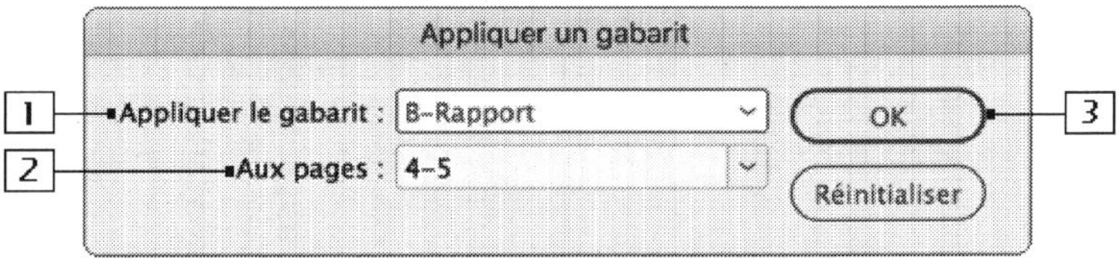

[1] Choisissez le gabarit voulu.

[2] Laissez les numéros des pages précédemment sélectionnées ou modifiez ces numéros : utilisez le caractère tiret "-" pour définir un groupe de pages, utilisez la virgule "," pour définir plusieurs pages non contiguës.

[3] Validez.

La page courante adopte alors tous les éléments du gabarit mais conserve bien sûr tous ses propres éléments et ses liaisons de texte. Le préfixe du gabarit est maintenant celui du gabarit que l'on vient de lui appliquer.

⇨ *Vous pouvez aussi déposer l'icône d'une page recto ou verso d'un gabarit sur la page courante à modifier.*

⇨ *L'option **Gabarits - Masquer les éléments types** du menu du panneau **Pages** permet de masquer les éléments, les blocs créés dans le gabarit pour voir seulement les objets créés dans votre page courante ; l'option **Gabarits - Afficher les éléments types** permet d'afficher de nouveau les éléments du gabarit.*

E- Supprimer un gabarit

▷ Dans le panneau **Pages**, sélectionnez le gabarit à supprimer en cliquant sur son nom. Dans le menu des options, choisissez **Supprimer la planche type "X-nom du gabarit"** ou **Supprimer des planches types** si plusieurs gabarits sont sélectionnés.

Si le gabarit est utilisé dans la composition, un message d'alerte vous demande de confirmer la suppression. InDesign utilisera le gabarit "vide" **[Sans]** à la place sur les pages concernées.

▷ Si vous souhaitez supprimer les gabarits non utilisés, sélectionnez-les avant de les supprimer : dans le menu des options du panneau **Pages**, choisissez **Gabarits** puis **Sélectionner les gabarits inutilisés**.

F- Numéroter les pages

▷ Dans le panneau **Pages**, double cliquez sur le gabarit qui doit contenir le folio (numéro de page).

▷ À l'endroit voulu, créez un bloc de texte suffisamment large pour contenir le folio et éventuellement un texte fixe (nom du chapitre...).

▷ **Texte - Insérer un caractère spécial - Marques - Numéro de page active**

▷ Si le gabarit est recto verso, créez également ce bloc de texte sur la seconde page.

Le folio automatique adopte le préfixe du gabarit dans lequel il se trouve.

A

▷ Pour insérer le nombre total de pages de votre document, placez le point d'intersection dans le bloc souhaité du gabarit concerné puis utilisez la commande **Texte - Variables de texte - Insérer une variable - Dernier numéro de page**. L'option **Définir** du menu **Texte - Variables de texte** permet de modifier la variable.

G- Définir le préfixe et la marque de section du folio

Vous pouvez insérer, avec le folio, un préfixe et une marque de section qui est un texte indiquant la "partie" de la composition réalisée.

Section A	Partie 1 - RA-3
Bloc de texte dans le gabarit	*Bloc de texte dans la page courante 3*

▷ Dans le panneau **Pages**, sélectionnez la page à partir de laquelle doivent apparaître ces éléments.

▷ Dans le menu du panneau **Pages**, cliquez sur **Options de numérotation et de section**.

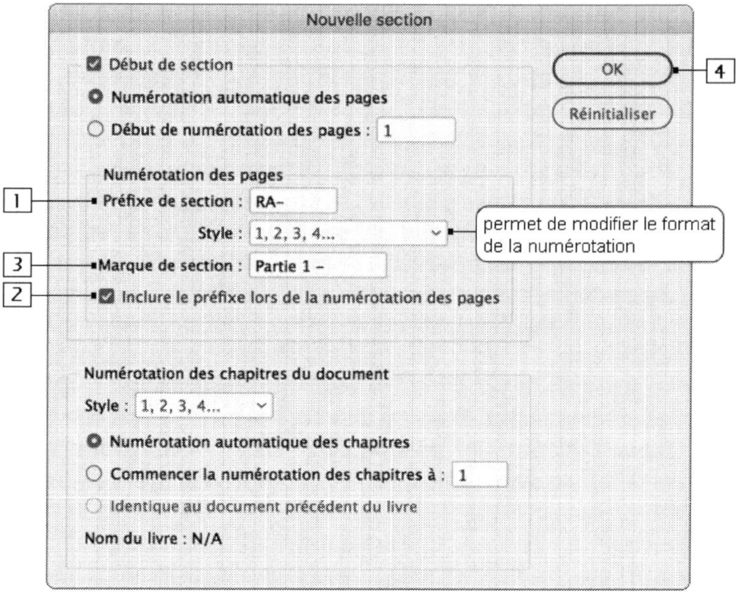

[1] Saisissez le texte voulu : huit caractères maximum, sans espaces sauf les espaces cadratins et demi-cadratins.

[2] Cochez cette option pour que le préfixe soit automatiquement inséré devant le folio lors de l'impression.

[3] Saisissez le texte de la marque de section.

[4] Cliquez sur **OK**.

▷ Dans le gabarit, cliquez dans le bloc de texte qui contient le folio puis utilisez la commande **Texte - Insérer un caractère spécial - Marques - Marque de section**.

▷ Insérez le folio dans ce même bloc de texte.

H- Commencer le foliotage à un numéro précis

Par défaut, le foliotage commence à 1. Si le document en cours fait partie d'une composition comportant plusieurs parties, il est possible que vous deviez commencer le foliotage à une certaine valeur.

▷ Dans le panneau **Pages**, sélectionnez la page où doit commencer la nouvelle numérotation.

▷ Dans le menu du panneau **Pages**, choisissez **Options de numérotation et de section**.

▷ Activez l'option **Début de numérotation des pages** et, dans la zone de saisie associé, saisissez la valeur souhaitée.

Attention, en fonction de la valeur saisie, InDesign réorganise les pages dans le panneau ***Pages****. Par exemple, une première page avec le folio 10 est bien une page paire, donc à gauche.*

⇨ *Nous vous rappelons que lors de la création d'un nouveau document (cf. 2.1 A - Créer un document), vous pouvez indiquer à quel numéro de page le foliotage doit commencer.*

I- Créer des sections

Dans un document unique et structuré, c'est-à-dire comportant plusieurs "parties logiques", il est possible de numéroter de manière différente chacune de ces parties. Chaque partie est une section pour InDesign.

▷ Dans le panneau **Pages**, sélectionnez la page à partir de laquelle doit commencer la nouvelle section.

▷ Dans le menu du panneau **Pages**, choisissez **Options de numérotation et de section**.

▷ Veillez à ce que l'option **Début de section** soit cochée.

▷ Modifiez, si besoin, les autres options de numérotation puis validez par **OK**.

▷ Répétez cette opération sur la page située après la dernière page de la section.

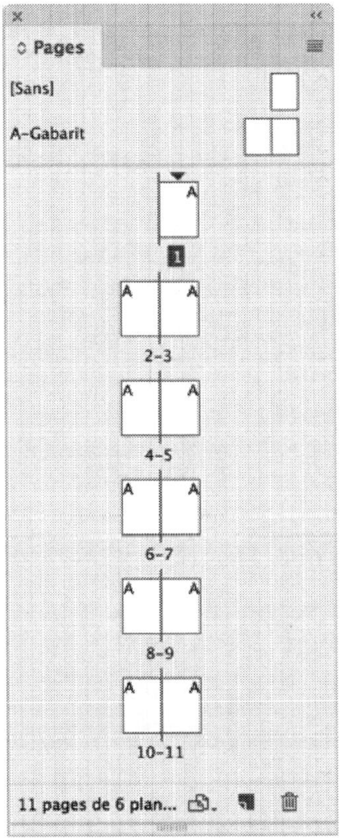

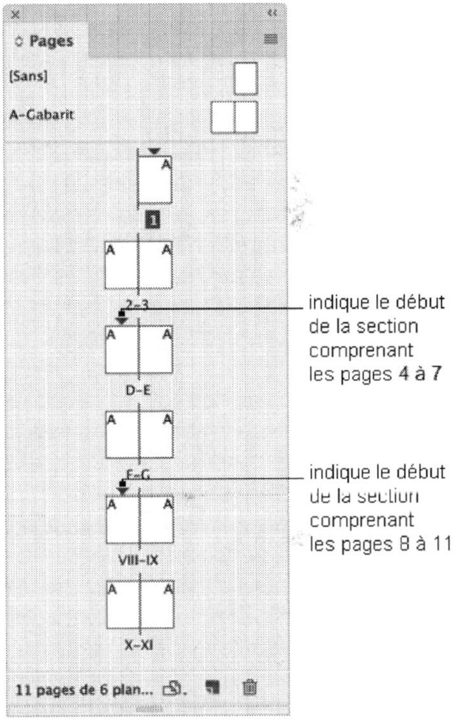

⇨ *Pour empêcher d'avoir des formats de numéros différents dans les sections du document, utilisez le menu* ***InDesign*** *(Mac)/****Edition*** *(PC) -* ***Préférences*** *-* ***Général*** *puis sélectionnez* ***Numérotation absolue*** *dans la liste* ***Affichage****.*

J- Créer des variantes de document

Dans un même document, vous pouvez proposer plusieurs mises en page, avec différentes dispositions, différents formats.

▷ Commencez par créer le document initial qui va servir de base à la réalisation des variantes.

▷ Dans le menu du panneau **Pages**, choisissez **Créer une variante de mise en page**.

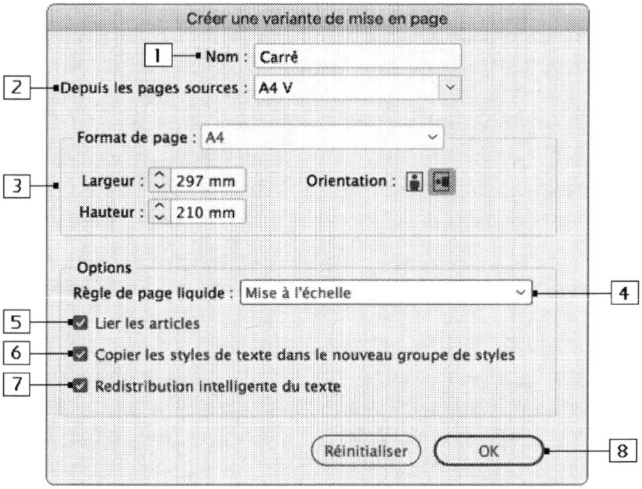

[1] Saisissez le nom de la variante.

[2] Sélectionnez la source de la variante : la page sélectionnée ou **Toutes les pages**.

[3] Choisissez le format de la mise en page.

[4] Choisissez comment doivent se comporter les blocs, les éléments existants de la mise en page initiale vis-à-vis du nouveau format :
Désactivé : pas d'adaptation au nouveau format.
Mise à l'échelle : tous les éléments de la page sont considérés comme groupés et mis à l'échelle en fonction du nouveau format.
Recentrer : tous les éléments conservent leur dimension et la mise en page est centrée dans le nouveau format.
Basé sur le repère : les éléments peuvent être redimensionnés et ils sont placés sur les repères de mise en page.

Basé sur l'objet : les éléments vont être placés selon un de leur côté spécifié. Les éléments pourront être redimensionnés.

Conserver les éléments existants : tous les éléments conservent leur mise en forme initiale dans la nouvelle mise en page de la variante.

[5] Gardez cette option cochée pour que les articles liés le soient toujours dans la variante.

[6] Gardez cette option cochée pour que les styles initiaux soient copiés dans la variante.

[7] Gardez cette option cochée pour permettre l'ajout et la suppression automatique de page.

8 Validez.

*La variante est créée et s'affiche dans le panneau **Pages**. Un gabarit est créé pour cette variante.*

▷ Procédez ainsi pour créer chacune des variantes à créer.

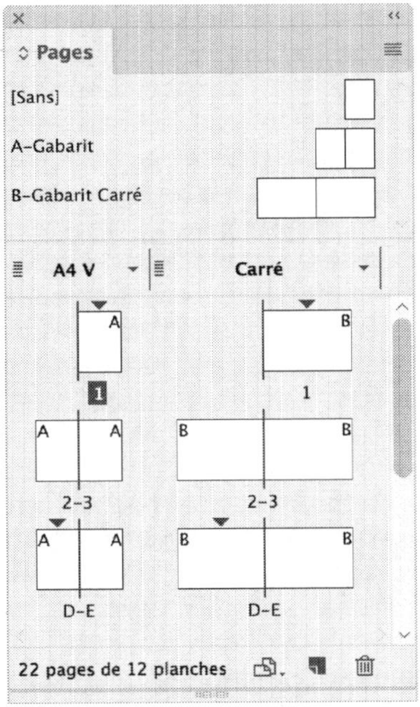

*Pour chaque variante, les styles dédiés ont été créés dans le panneau **Styles de paragraphe**.*

▷ Pour afficher une variante, dans le panneau **Pages**, faites un double clic sur sa vignette.

La mise en page des variantes n'est pas totalement « automatique », vous aurez à faire des modifications locales manuellement.

▷ Pour modifier une variante, affichez-la puis réalisez les modifications souhaitées ; si vous modifiez un texte dans la composition initiale, dans le panneau **Liens**, InDesign vous permet de mettre à jour les blocs de texte liés.

⇨ *Pour supprimer une variante, faites glisser sa miniature dans la corbeille puis confirmez la suppression en cliquant sur le bouton **OK**.*

2.4 Calques

A- Créer un calque

Les calques permettent de gérer la superposition des éléments de la composition, comme des feuilles de calque en dessin classique.

▷ Pour afficher le panneau **Calques** : **Fenêtre - Calques** ou F7

▷ Pour créer un calque qui se placera au-dessus de tous les autres, cliquez sur le bouton ou, dans le menu des options du panneau, choisissez **Nouveau calque**. Pour créer un calque au-dessus de celui qui est sélectionné, maintenez la touche cmd ⌘ (Mac) ou Ctrl (PC) puis cliquez sur l'option **Nouveau calque** dans le menu des options.

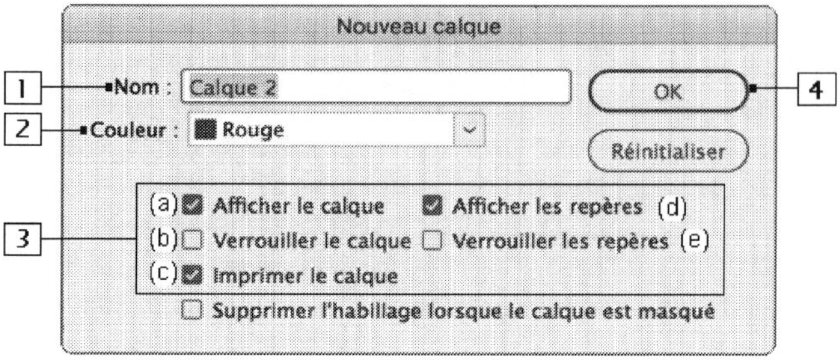

1 Saisissez le nom du calque.

2 Choisissez la couleur de sélection des objets (comme le contour des blocs...).

3 Cochez l'option :

(a) afin de visualiser le calque.
(b) pour empêcher toute modification sur les objets placés sur ce calque.
(c) pour imprimer tous les objets qui se trouvent sur le calque.
(d) pour afficher les repères créés dans ce calque.
(e) pour empêcher toute modification sur les repères placés sur ce calque.

4 Créez le calque.

⇨ *Pour modifier une option de calque, faites un double clic sur son nom ou choisissez **Options de calque pour "nom du calque"** dans le menu du panneau **Calques**.*

B- Gérer les éléments d'un calque

▷ Pour ajouter des éléments sur un calque donné, sélectionnez le calque par un clic sur son nom puis dessinez l'objet ou le bloc.

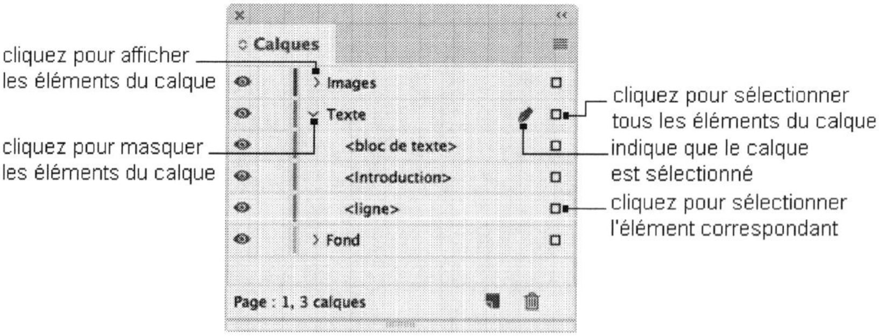

▷ Pour déplacer un élément d'un calque à l'autre (cf. chapitre 3.1 - Blocs), sélectionnez l'élément, cliquez sur le carré de sélection du bloc et faites-le glisser vers le calque cible.

- Pour copier un élément d'un calque à l'autre, faites de même en maintenant enfoncée la touche [alt] (Mac) ou [Alt] (PC).
- Pour sélectionner tous les éléments d'un calque, maintenez enfoncée la touche [alt] (Mac) ou [Alt] (PC) et cliquez sur le nom du calque voulu.
- Pour renommer un élément, cliquez sur son nom pour le sélectionner puis cliquez de nouveau dessus. Saisissez le nouveau nom puis validez par [Entrée].

C- Gérer les calques

- Affichez le panneau **Calques** : **Fenêtre - Calques** ou [F7]

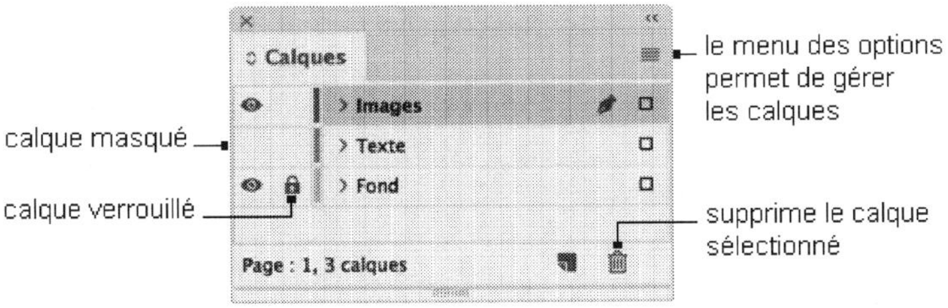

- Pour déplacer un calque dans l'ordre de la pile, faites un cliqué-glissé vers le haut ou vers le bas, jusqu'à la position désirée.
- Pour dupliquer un calque, faites-le glisser sur le bouton .
- Pour masquer tous les calques sauf un, maintenez enfoncée la touche [alt] (Mac) ou [Alt] (PC) et cliquez sur l'icône  du calque que vous souhaitez uniquement voir.
- Pour supprimer les calques sur lesquels il n'y a aucun élément, dans le menu des options du panneau, choisissez la commande **Supprimer les calques inutilisés**.
- Pour déplacer tous les blocs de plusieurs calques sur un seul calque "cible" et supprimer les calques devenus vides, sélectionnez en premier le calque cible (celui qui sera conservé), puis les autres (qui seront supprimés). Dans le menu des options du panneau, choisissez la commande **Fusionner les calques**.

COMPOSITIONS

3.1 Blocs

Un bloc est un "conteneur" dans lequel vous allez placer du texte ou une image. Il existe donc deux types de blocs : les "blocs de texte" et les "blocs graphiques".

A- Créer et redimensionner des blocs

▷ Pour créer un bloc de texte, activez l'outil **Texte** puis faites un cliqué-glissé en diagonale sur la page, du coin supérieur gauche vers le coin inférieur droit.

Une fois le bloc de texte créé, le point d'insertion clignote dedans, en attente de contenu.

▷ Pour créer un bloc graphique manuellement, activez l'outil **Bloc rectangulaire** puis procédez comme pour les blocs de texte.

▷ Pour créer un bloc graphique en déterminant ses dimensions, activez l'outil **Bloc rectangulaire** puis cliquez là où doit apparaître le coin supérieur gauche du bloc.

Dans les zones **Largeur** et **Hauteur**, saisissez les valeurs souhaitées dans l'unité de votre choix puis validez.

Une fois créé, le bloc image apparaît sélectionné avec ses poignées visibles et avec une croix en fond de bloc.

▷ Si vous souhaitez créer un bloc carré, dessinez le bloc tout en maintenant enfoncée la touche ⇧. Si vous souhaitez créer un bloc depuis son centre, dessinez le bloc tout en maintenant enfoncée la touche alt (Mac) ou Alt (PC). Enfin, pour créer un bloc carré et centré, maintenez les touches ⇧ et alt (Mac) ou ⇧ et Alt (PC).

▷ Pour créer des blocs en grille, sélectionnez l'outil de création voulu (**Texte** ou **Bloc**), faites un cliqué-glissé pour déterminer la taille de la grille puis, sans relâcher le bouton de la souris, appuyez sur la touche ↑ pour augmenter le nombre de lignes et la touche → pour augmenter le nombre de colonnes ; les touches ↓ et ← permettent respectivement de réduire le nombre de lignes et de colonnes.

Maintenir la touche cmd ⌘ (Mac) ou Ctrl (PC) enfoncée avec les touches fléchées permet d'augmenter ou de diminuer l'espace entre les blocs (la gouttière).

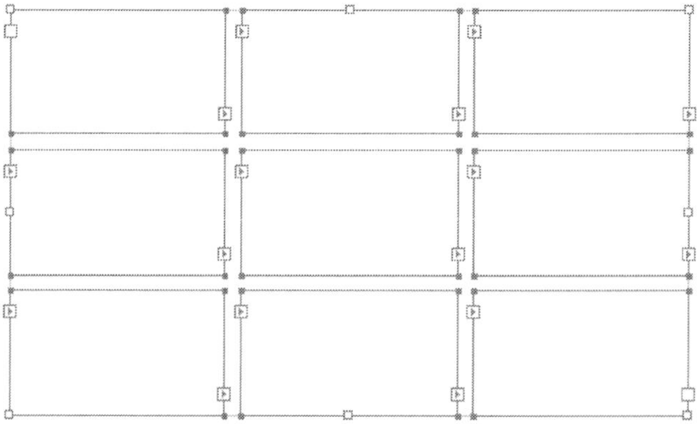

- Par défaut, les repères commentés sont actifs : dans la barre d'application, cliquez sur le bouton **Options d'affichage** puis constatez que l'option **Repères commentés** est cochée.

  Lorsque vous créez un bloc graphique, si votre pointeur en croix est aligné sur un bloc déjà créé, il s'adjoint d'un petit triangle blanc ; si le bloc que vous créez s'aligne avec un bloc existant, InDesign vous le signale par des repères commentés verts :

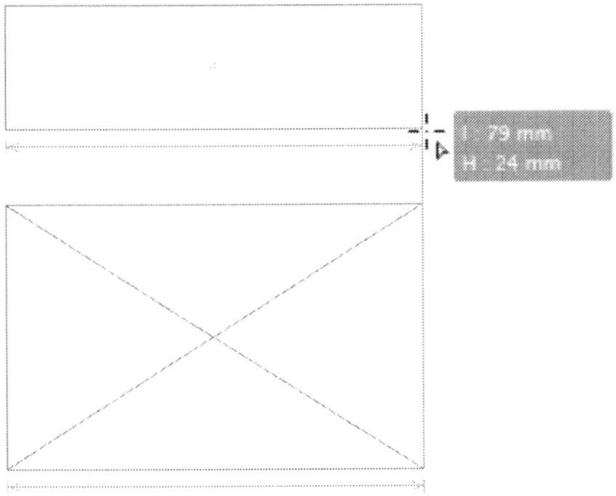

- Pour redimensionner un bloc, sélectionnez-le avec l'outil **Sélection** puis faites glisser une des poignées ou saisissez la largeur et la hauteur souhaitées dans les zones **I** et **H** du panneau **Contrôle** ou **Transformation**. Si vous souhaitez conserver les proportions originales du bloc, cliquez sur le bouton et saisissez une des valeurs : l'autre se calcule automatiquement.

⇨ *Pour masquer et afficher le contour des blocs, faites **Affichage - Extras - Masquer le contour du bloc** ou* cmd ⌘ ***H** (Mac) ou* Ctrl ***H** (PC).*

⇨ *Pour changer le type d'un bloc, sélectionnez-le (celui-ci doit être vide), faites **Objet - Contenu** puis, selon le cas, cliquez sur **Image**, **Texte** ou **Non attribué**.*

B- Sélectionner les blocs

- Activez l'outil **Sélection** puis cliquez sur le bloc à sélectionner.
- Pour sélectionner plusieurs blocs proches, activez l'outil puis réalisez un cliqué-glissé pour "entourer" une partie des blocs à sélectionner.
- Pour ajouter un bloc à la sélection, maintenez la touche ⇧ enfoncée et cliquez sur un bloc non sélectionné.
- Pour retirer un bloc de la sélection, maintenez la touche ⇧ enfoncée et cliquez sur un bloc sélectionné.
- Pour sélectionner tous les blocs : **Edition - Tout sélectionner**.

▷ Pour désélectionner tous les blocs : **Edition - Tout désélectionner**.

▷ Pour sélectionner un groupe de blocs, activez l'outil **Sélection** puis cliquez sur un des blocs du groupe.

▷ Pour sélectionner un bloc dans un groupe, activez l'outil **Sélection directe** puis cliquez sur le bloc souhaité.

C- Grouper/dissocier des blocs

▷ Pour grouper des blocs, sélectionnez au moins deux blocs puis **Objet - Associer** ou cmd ⌘ **G** (Mac), Ctrl **G** (PC).

Un seul contour de sélection apparaît autour des blocs.

▷ Pour dissocier les blocs, sélectionnez le groupe puis **Objet - Dissocier** ou cmd ⌘ ⇧ **G** (Mac), Ctrl ⇧ **G** (PC).

▷ Pour parcourir la "pile" des blocs constituant un groupe, utilisez l'outil **Sélection directe** pour sélectionner un des blocs du groupe, ouvrez le menu **Objet - Sélectionner** puis choisissez une des options suivantes :

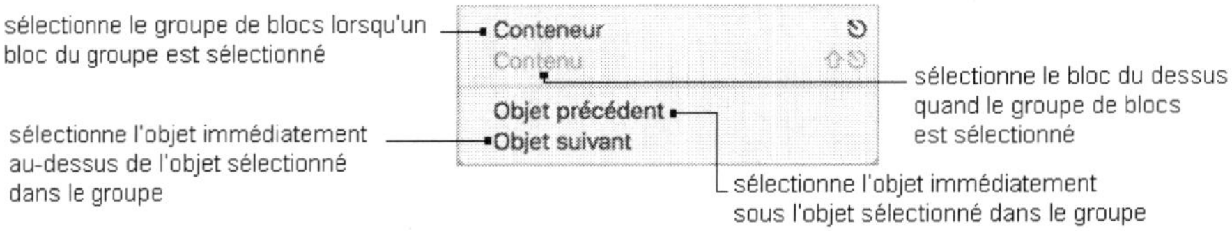

D- Déplacer un bloc

À l'aide de la souris

▷ Activez l'outil **Sélection** , cliquez sur le bloc et faites-le glisser à l'endroit souhaité.

Grâce aux repères commentés, InDesign vous indique les positions horizontale et verticale prises par le bloc.

⇨ *Pour déplacer un bloc en cours de création, maintenez la touche* Espace *enfoncée puis faites glisser le bloc vers sa nouvelle position.*

À l'aide du clavier

▷ Utilisez les quatre touches fléchées ← → ↑ ↓ pour déplacer le bloc selon la valeur de déplacement par défaut définie dans les préférences **Unités et incréments** (**InDesign** (Mac)/**Edition** (PC) - **Préférences**), dans la zone **Touche curseur**.

▷ Pour positionner le bloc à un endroit précis de la page, saisissez les valeurs souhaitées dans les zones **X** et **Y** du panneau **Contrôle**.

Ces valeurs sont indiquées par rapport à l'origine 0 des règles et par rapport au point de référence du bloc que vous visualisez dans le panneau ***Contrôle***.

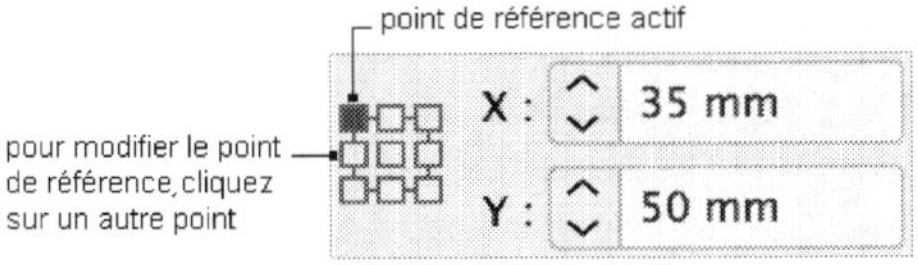

⇨ *Vous pouvez effectuer un déplacement relatif, c'est-à-dire déplacer le bloc de x unités par rapport à sa position actuelle : dans les zones **X** et/ou **Y** du panneau **Contrôle** ou **Transformation**, indiquez le calcul à effectuer. Vous pouvez utiliser les opérateurs simples et mélanger les unités.*

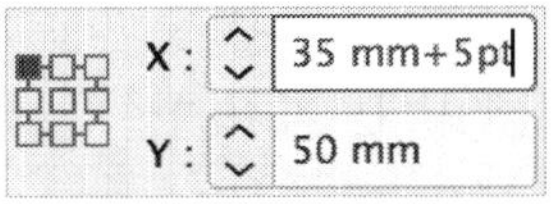

⇨ *La commande **Objet - Verrouiller** ([cmd ⌘] **L** (Mac), [Ctrl] **L** (PC)) permet, une fois le bloc correctement positionné, d'empêcher son déplacement. Pour déverrouiller un bloc, cliquez sur son cadenas ; la commande **Objet - Tout déverrouiller sur la planche** ([cmd ⌘] [alt] **L** (Mac), [Ctrl] [Alt] **L** (PC)) autorise à nouveau le déplacement de tous les blocs .*

⇨ *La commande **Objet - Masquer** ([cmd ⌘] " (Mac), [Ctrl] " (PC)) permet de masquer le bloc sélectionné ; la commande **Objet - Tout afficher sur la planche** ([cmd ⌘] [alt] " (Mac), [Ctrl] [Alt] " (PC)) permet d'afficher les objets masqués.*

E- Appliquer une transformation manuelle

▷ Sélectionnez le bloc à transformer puis activez l'outil **Mise à l'échelle** ou **Rotation** ou **Déformation** , suivant le type de transformation voulu ; la transformation manuelle peut être appliquée à plusieurs objets sélectionnés.

▷ Faites un clic sur une des poignées du bloc pour déterminer le point d'origine, qui est par défaut le dernier point de référence sélectionné, ou utilisez le panneau **Contrôle** ou cliquez à tout autre endroit du bloc ou même de la page.

▷ Effectuez ensuite un cliqué-glissé à partir d'une autre poignée ; maintenez la touche [⇧] enfoncée pour obtenir une contrainte à 45°.

⇨ *Pour réaliser une rotation manuelle, vous pouvez également sélectionner l'outil **Sélection** , positionnez la souris légèrement au-dessus d'une poignée d'angle puis effectuer un cliqué-glissé en fonction de la rotation souhaitée.*

⇨ *L'outil **Transformation manuelle** permet à la fois de déplacer, redimensionner, faire pivoter ou déformer manuellement un bloc. Pour le déformer, faites glisser une des poignées latérales et seulement ensuite, appuyez sur la touche [Ctrl] ou [cmd ⌘].*

⇨ *Le menu **Objet - Répéter la transformation** permet de répéter la dernière transformation ou la dernière série de transformations en les appliquant soit à la sélection (un bloc ou une sélection de blocs), soit à chaque bloc sélectionné individuellement et non pas à l'ensemble des blocs sélectionnés et considérés comme un seul objet.*

F- Appliquer une transformation paramétrée

▷ Sélectionnez le ou les blocs à transformer.

Appliquer une mise à l'échelle

▷ Utilisez les champs **% de mise à l'échelle sur X** et **% de mise à l'échelle sur Y** dans le panneau **Contrôle** ou **Transformation**.

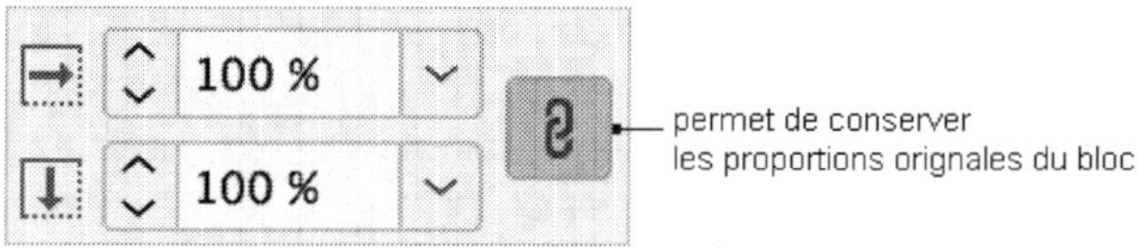

⇨ *Vous pouvez aussi utiliser la commande **Objet - Transformation - Mise à l'échelle**.*

Appliquer une rotation

▷ Si vous souhaitez fixer un autre point d'origine pour la rotation, sélectionnez l'outil **Rotation**, maintenez la touche ⌥ (Mac) ou Alt (PC) et cliquez là où doit être positionné le point d'origine.

Si la position du point d'origine ne doit pas être modifiée, faites un double clic sur l'outil ou utilisez le menu **Objet - Transformation - Rotation**.

▷ Saisissez l'**Angle** de rotation dans la zone correspondante.

▷ Cliquez sur **OK** pour effectuer la rotation sur le bloc sélectionné ou sur **Copier** pour l'effectuer sur une copie de ce bloc.

⇨ *Vous pouvez aussi utiliser le champ **Angle de rotation** dans le panneau **Contrôle** ou **Transformation**.*

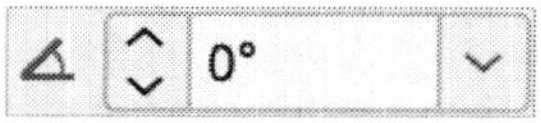

⇨ *Le menu des options du panneau **Transformation** propose des rotations prédéfinies : **Rotation 180°**, **Rotation 90° horaire** et **Rotation 90° antihoraire**.*

Appliquer une déformation

▷ Si vous souhaitez fixer un autre point d'origine pour la déformation, sélectionnez l'outil **Déformation**, maintenez la touche ⌥ (Mac) ou Alt (PC) et cliquez là où doit être positionné le point d'origine.

Si la position du point d'origine ne doit pas être modifiée, faites un double clic sur l'outil **Déformation** ou utilisez le menu **Objet - Transformation - Déformation**.

▷ Saisissez l'**Angle** de la déformation puis précisez son **Axe**.

▷ Cliquez sur **OK** pour appliquer la déformation sur le bloc sélectionné ou sur **Copier** pour l'appliquer sur une copie de ce bloc.

⇨ *Vous pouvez aussi utiliser le champ **Angle de déformation sur X** dans le panneau **Contrôle** ou **Transformation**.*

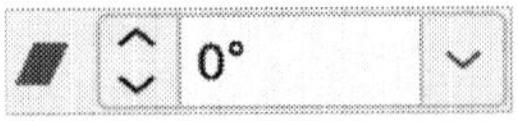

⇨ *Pour retourner symétriquement un bloc sur un axe horizontal et/ou vertical, sélectionnez-le et, dans le menu des options du panneau **Transformation**, choisissez une option de symétrie.*

G- Dupliquer un bloc

À l'aide de la souris

▷ Activez l'outil **Sélection**, maintenez enfoncée la touche [alt] (Mac) ou [Alt] (PC) et faites un cliqué-glissé vers l'endroit souhaité pour placer la copie.

À l'aide du menu

▷ Sélectionnez le bloc à dupliquer.

▷ Pour réaliser une duplication simple :
Edition - Dupliquer ou [cmd ⌘] [alt] [⇧] **D** (Mac) ou [Ctrl] [Alt] [⇧] **D** (PC)

▷ Pour réaliser une duplication multiple :
Edition - Exécuter et répéter ou [cmd ⌘] [alt] **U** (Mac) ou [Ctrl] [Alt] **U** (PC)

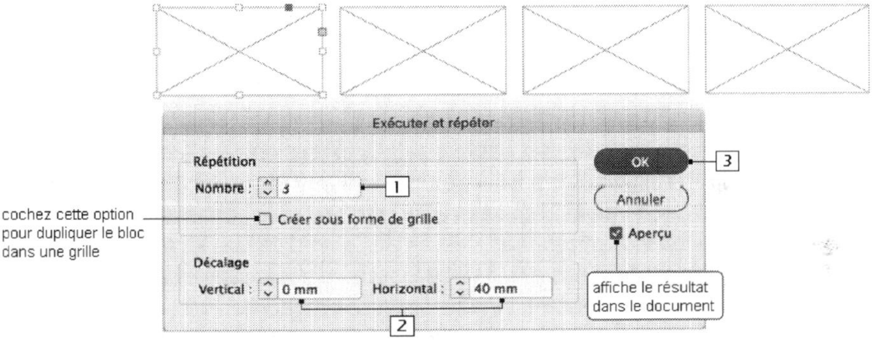

[1] Indiquez le nombre de copies souhaité.

[2] Indiquez la distance horizontale et verticale entre les copies de l'objet.

[3] Validez.

⇨ *L'option **Coller dedans** du menu **Edition** permet de coller un bloc copié, dans un autre bloc et de les rendre solidaires. Pour gérer le bloc "enfant", utilisez l'outil **Sélection directe**.*

⇨ *L'option **Coller sur place** permet de coller le bloc copié strictement au-dessus de l'original.*

H- Gérer la superposition des blocs

Quand vous créez des blocs, le dernier bloc créé se place au-dessus des blocs précédemment créés. Chaque bloc est donc dans un "plan" unique.

▷ Sélectionnez le bloc à changer de plan.

▷ **Objet - Disposition** puis choisissez l'option :

Premier plan	Le bloc sélectionné est disposé au-dessus de tous les autres.
En avant	Place le bloc sélectionné un plan avant. Il est donc disposé juste au-dessus de celui qui était juste au-dessus de lui précédemment.
En arrière	Place le bloc sélectionné un plan en arrière. Il est donc disposé juste au-dessous de celui qui était juste au-dessous de lui précédemment.
Arrière-plan	Le bloc sélectionné est disposé au-dessous de tous les autres.

▷ Pour sélectionner les blocs placés dans les différents plans, utilisez l'outil **Sélection**  pour sélectionner un bloc, ouvrez le menu **Objet - Sélectionner** puis choisissez une des options :

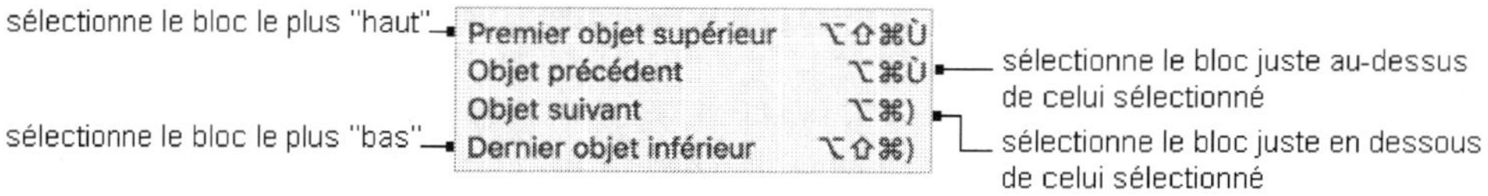

I- Aligner et répartir les blocs

▷ Sélectionnez les blocs.

▷ Affichez le panneau **Alignement** : **Fenêtre - Objet et mise en page - Alignement** ou ⇧ F7.

▷ Si besoin, ouvrez la liste déroulante **Aligner sur** de la zone **Répartition des objets** puis choisissez l'option correspondant à la référence de l'alignement : **Aligner sur la sélection**, **Aligner sur un objet clé**, **Aligner sur les marges**, **Aligner sur la page** ou **Aligner sur la planche**.

▷ Si vous avez choisi l'option **Aligner sur un objet clé** dans la liste **Aligner sur**, parmi les blocs de la sélection, cliquez sur le bloc de référence, c'est-à-dire sur le bloc qui ne bougera pas et sur lequel les autres blocs vont s'aligner.

Le bloc sélectionné apparaît alors avec un contour bleu plus épais.

▷ Pour aligner les blocs, dans la zone **Alignement des objets**, cliquez sur l'icône :

 pour aligner sur le côté gauche du bloc le plus à gauche.

 pour aligner les centres dans le sens horizontal.

 pour aligner sur le côté droit du bloc le plus à droite.

 pour aligner sur le bord supérieur du bloc le plus haut.

 pour aligner les centres dans le sens vertical.

pour aligner sur le bord inférieur du bloc le plus bas.

Concernant les explications des options ci-dessus, nous avons considéré que l'option ***Aligner sur la sélection*** *a été choisie dans la liste* ***Aligner sur****.*

▷ Pour répartir uniformément les blocs, dans la zone **Répartition des objets**, cliquez sur une des icônes suivantes :

pour répartir les côtés gauches.

pour répartir les centres dans le sens horizontal.

pour répartir les côtés droits.

pour répartir les bords supérieurs.

pour répartir les centres dans le sens vertical.

pour répartir les bords inférieurs.

▷ Pour répartir avec une distance donnée les blocs, cochez l'option **Utiliser l'espacement** et saisissez la valeur souhaitée. Cliquez ensuite sur une des icônes de répartition.

▷ Pour définir l'espacement entre les blocs, dans le panneau **Alignement**, si besoin, ouvrez le menu des options puis, choisissez **Afficher les options** :

1 Cochez cette option.

2 Indiquez la valeur de l'espacement.

3 Indiquez le sens de la répartition.

J- Gérer l'espace entre les blocs

L'outil ***Espace*** *permet de modifier l'espace entre deux blocs, entre un bord de la page et un bloc.*

▷ Sélectionnez l'outil **Espace** .

▷ Pour modifier l'espace entre un bloc et un bord de la page en redimensionnant le bloc, positionnez le pointeur entre le bloc et le bord concerné puis effectuez un cliqué-glissé pour augmenter ou réduire l'espace ainsi que la largeur/hauteur du bloc.

▷ Pour modifier l'espace entre un bloc et un bord de la page sans modifier la taille du bloc, positionnez le pointeur entre le bloc et le bord concerné puis effectuez un cliqué-glissé en maintenant la touche [Alt] (PC) ou [alt] (Mac) enfoncée.

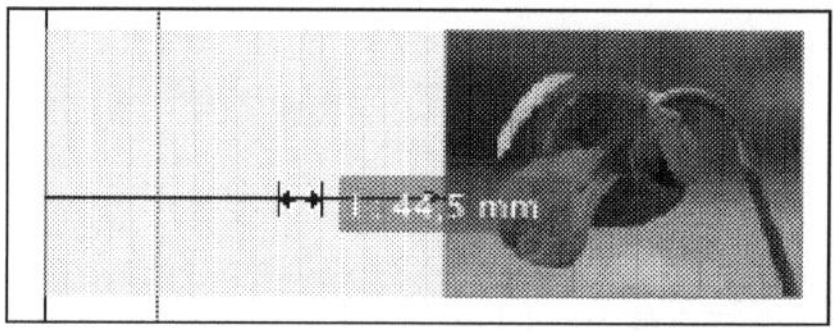

InDesign affiche la valeur de l'espace.

▷ Pour modifier l'espace entre deux blocs en modifiant leur taille, positionnez le pointeur entre les deux blocs puis effectuez un cliqué-glissé dans la direction souhaitée. Selon la direction dans laquelle vous cliqué-glissé, vous diminuez/augmentez la largeur du bloc de gauche/de droite ou la hauteur du bloc en haut/en bas. Maintenir la touche [cmd ⌘] (PC) ou [Ctrl] (PC) enfoncée pendant le cliqué-glissé permet de modifier la largeur/la hauteur des deux blocs de façon identique.

▷ Pour modifier l'espace entre deux blocs sans modifier leur taille, positionnez le pointeur entre les deux blocs puis effectuez un cliqué-glissé en maintenant les touches [cmd ⌘] [alt] (Mac) ou [Ctrl] [Alt] (PC) enfoncées.

3.2 Blocs de texte

A- Saisir du texte

▷ Créez un bloc de texte (cf. 3.1 A - Créer et redimensionner des blocs).

Le point d'insertion clignote dans le bloc.

▷ Saisissez le texte. Pendant la saisie :

- Pour créer un nouveau paragraphe, appuyez sur la touche [↵].
- Pour aller à la ligne au sein du paragraphe sans pour autant créer un nouveau paragraphe : **Texte - Insérer un caractère de saut - Saut de ligne forcé** (ou [⇧] [↵]).

Dans le cas d'une grille de blocs de texte, lorsque le premier bloc de texte de la grille est plein, le texte est saisi dans le second bloc puis dans le troisième...

▷ Pour visualiser les caractères masqués : **Texte - Afficher les caractères masqués** ou [cmd ⌘] [alt] **I** (Mac), [Ctrl] [Alt] **I** (PC).

Les paragraphes créés sont repérables avec le caractère masqué ¶, les sauts de ligne avec le caractère masqué ¬.

⇨ *Pour insérer un texte de substitution afin de préparer une mise en page sans avoir le texte définitif, cliquez dans le bloc de texte puis : **Texte - Remplir avec le texte de substitution**.*

B- Importer du texte

Vous pouvez importer du texte de toute application sachant exporter du texte au format Texte seulement, RTF ou ASCII. Vous pouvez aussi importer des documents au format Microsoft Word ou compatible (LibreOffice pouvant exporter au format Microsoft Word comme TextEdit ou Pages sous Mac).

Importer du texte dans un bloc existant

- Créez un bloc de texte ou sélectionnez un bloc existant ; si le texte doit être importé à un endroit précis dans un bloc contenant déjà du texte, positionnez le curseur à cet endroit.
- **Fichier - Importer** ou [cmd ⌘] **D** (Mac), [Ctrl] **D** (PC)
- Sélectionnez le fichier texte à importer.
- Cochez l'option **Remplacer l'élément sélectionné** pour remplacer le texte (ou le bloc) sélectionné par le texte importé.
- Pour définir ce qui doit être importé, cochez l'option **Afficher les options d'importation**.
- Cliquez sur le bouton **Ouvrir**.
- Si vous avez coché l'option **Afficher les options d'importation**, paramétrez ces options dans la boîte de dialogue qui s'affiche alors puis validez par **OK**.

  Le texte est inséré dans le bloc.

- Si le bloc est trop grand ou trop petit par rapport à la quantité de texte, vous pouvez ajuster sa taille au contenu : **Objet - Ajustement - Ajuster le bloc au contenu** ou [cmd ⌘] [alt] **C** (Mac), [Ctrl] [Alt] **C** (PC).

Importer du texte en créant un ou plusieurs blocs

- Veillez à ce qu'aucun bloc ne soit sélectionné et à ce que le point d'insertion ne clignote pas dans un bloc.
- **Fichier - Importer** ou [cmd ⌘] **D** (Mac), [Ctrl] **D** (PC).
- Sélectionnez le fichier texte à importer ; si plusieurs fichiers texte doivent être importés, sélectionnez-les à l'aide de la touche [Ctrl] (PC) ou [cmd ⌘] (Mac).
- Cochez éventuellement l'option **Afficher les options d'importation** puis cliquez sur le bouton **Ouvrir**.
- Si besoin, modifiez les options d'importation puis cliquez sur **OK**.

  Le pointeur se transforme alors en [pointeur] *accompagné du début du texte importé.*

- ▷ Utilisez une des méthodes suivantes en fonction du résultat souhaité :
  - Cliquez-glissez pour créer un bloc et y placer le texte.
  - Faites un simple clic pour qu'InDesign crée un bloc de texte dont la largeur sera "calée" sur les marges gauche et droite de la page (texte "en pleine justification") et dont la base sera "calée" sur la marge inférieure.
  - Effectuez un placement semi-automatique : enfoncez la touche [⌥] (Mac) ou [Alt] (PC) (le pointeur apparaît alors sous la forme) et effectuez des cliqués-glissés successifs pour créer des blocs de texte chaînés. Vous pouvez aussi faire des clics successifs pour aligner les blocs créés sur des repères de marge ou de colonne.
  - Effectuez un placement automatique : maintenez la touche [⇧] (le pointeur se présente alors sous la forme) et effectuez un seul clic pour qu'InDesign crée autant de blocs et de pages nécessaires pour insérer tout le texte importé. Les blocs créés seront automatiquement "calés" sur les repères de colonne ou de marge selon le type de document. Si vous maintenez les touches [⇧][⌥] (Mac) ou [⇧][Alt] (PC) enfoncées, InDesign agit comme précédemment, mais sans créer de nouvelles pages.

⇨ *Vous pouvez aussi glisser-déposer un fichier texte depuis le Finder (Mac) ou depuis l'Explorateur Windows, vers un document ouvert d'InDesign. Un nouveau bloc est alors créé.*

⇨ *Vous pouvez aussi copier/coller du texte à partir d'une application bureautique. Pour conserver des éléments de mise en forme créés dans les applications bureautiques lorsque vous collez du texte :* ***InDesign*** *(Mac)/**Edition** (PC) -* ***Préférences - Gestion du presse-papiers****. Dans la zone* ***Lors de la copie de texte et de tableaux depuis d'autres applications****, activez l'option* ***Toutes les informations (marqueurs d'index, nuances, styles, etc.)****.*
La commande ***Edition - Coller sans mise en forme*** *permet de coller uniquement le texte, sans la mise en forme originale.*

Importer du texte en gardant une liaison avec le fichier source

- ▷ **InDesign** (Mac)/**Edition** (PC) **- Préférences - Gestion des fichiers**.
- ▷ Dans la zone **Liens**, cochez l'option **Créer des liens avec les fichiers de texte et de feuilles de calcul importés** puis validez par **OK**.
- ▷ Importez le texte dans les blocs (cf. sous-titres précédents).

C- Gérer les liens aux fichiers importés

*Si l'option **Créer des liens avec les fichiers de texte et de feuilles de calcul importés** est cochée dans la boîte de dialogue **Préférences (InDesign** (Mac) ou **Edition** (PC) **- Préférences - Gestion des fichiers**), quand vous ouvrez une composition InDesign qui comporte des fichiers liés modifiés, un message d'alerte vous indique ces modifications :*

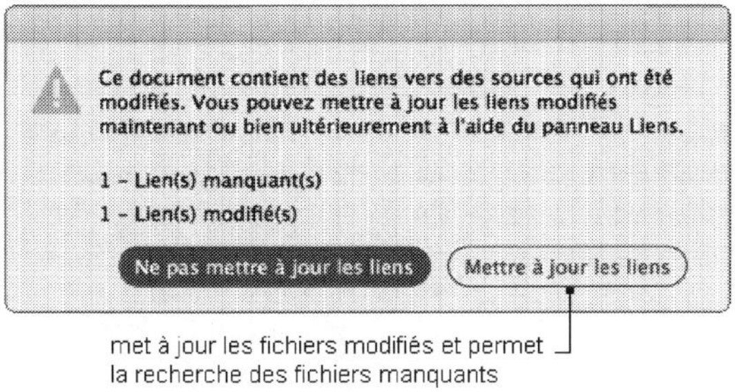

*Si vous avez choisi de **Ne pas mettre à jour les liens**, le panneau **Liens** vous indique les fichiers modifiés et déplacés.*

▷ Affichez le panneau **Liens** : **Fenêtre - Liens** ou cmd ⌘ ⇧ **D** (Mac), Ctrl ⇧ **D** (PC)

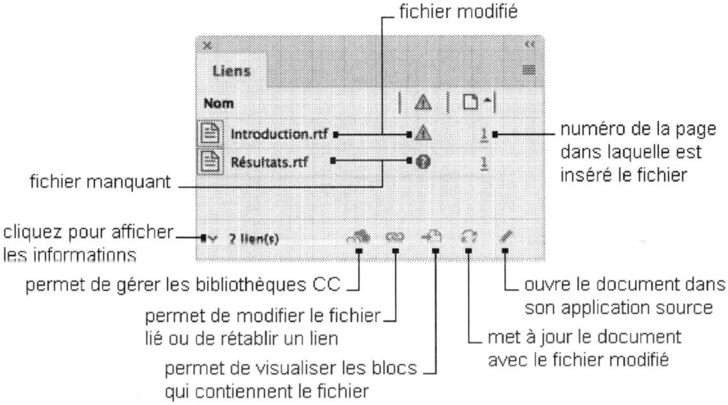

▷ Si vous souhaitez qu'il n'y ait plus de liaison entre le fichier importé et le texte présent dans le document InDesign, sélectionnez le nom du fichier dans le panneau puis, dans le menu des options ≡, cliquez sur l'option **Rompre le lien**.

⇨ *Pour mettre à jour un lien, vous pouvez également cliquer sur le symbole ⚠ correspondant dans le panneau **Liens** ; un double clic sur le symbole ? permet de rechercher le fichier manquant.*

D- Lier les blocs de texte

Principe

Lorsqu'un texte est réparti dans plusieurs blocs, ces blocs sont alors dits **liés**. Les blocs liés contenant un texte qui se suit dans tous les blocs sont appelés **articles**.

Chaque bloc possède un **port d'entrée** et un **port de sortie** représentés par des symboles qui indiquent si oui ou non il y a une liaison :

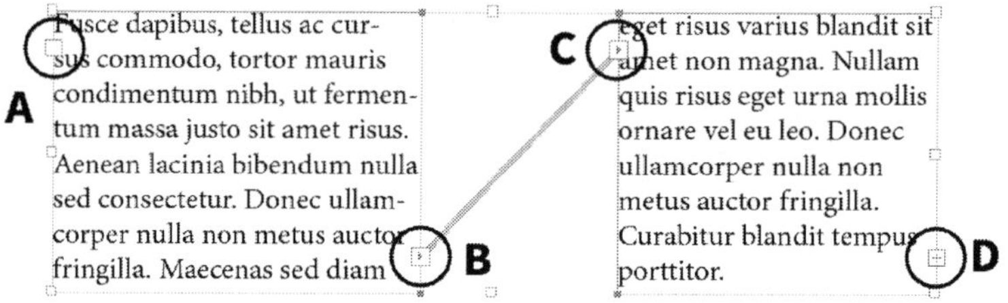

A : port d'entrée du premier bloc de la chaîne.

B : port de sortie du premier bloc de la chaîne, le triangle indique une liaison avec le bloc suivant.

C : port d'entrée du deuxième bloc de la chaîne, le triangle indique une liaison avec le bloc précédent.

D : port de sortie du dernier bloc de la chaîne, avec un + indiquant un "texte en excès" dans ce bloc.

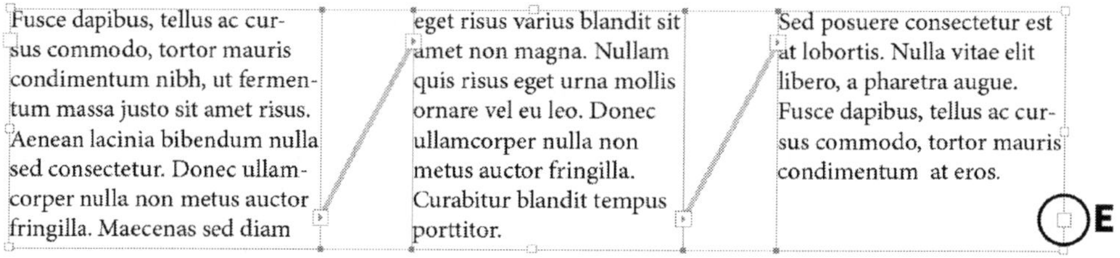

E : port de sortie vide du dernier bloc de la chaîne, indiquant que la fin du texte est visible dans ce bloc.

Créer une liaison

▷ Activez l'outil **Sélection** et cliquez sur le point de sortie qui indique le "texte en excès" : ⊞.

Le pointeur se transforme alors en accompagné du début du texte du bloc : c'est le symbole de "texte chargé".

▷ Pour créer une liaison vers un nouveau bloc, faites ensuite soit un seul clic pour créer un bloc qui contiendra tout votre texte en excès soit un cliqué-glissé pour créer un bloc à la taille que vous souhaitez.
Pour créer une liaison vers un bloc existant, placez le pointeur sur le bloc : le pointeur se transforme alors en symbole de lien . Cliquez sur le bloc existant.

▷ Pour visualiser les "flèches" de liaison entre les blocs : **Affichage - Extras - Afficher le chaînage du texte** en ayant un bloc lié sélectionné.

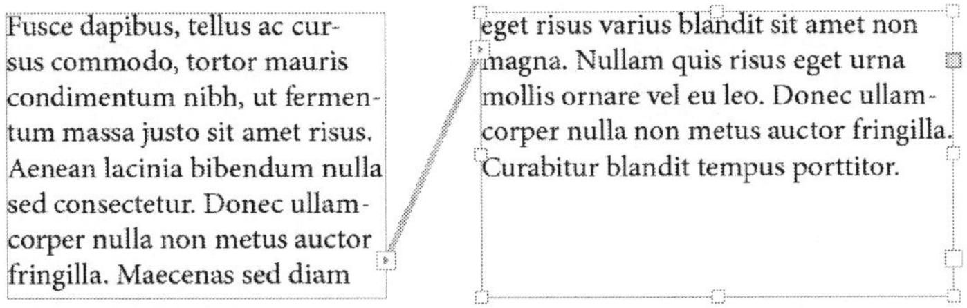

⇨ *Vous pouvez insérer un bloc dans une séquence de blocs existants et liés entre eux.*

⇨ *Vous pouvez déplacer ou redimensionner des blocs liés, le texte se répartit alors en fonction de la taille des blocs.*

⇨ *Pour placer un texte au début du bloc lié suivant, positionnez le point d'insertion devant le mot qui doit se trouver au début du bloc lié puis :* ***Texte - Insérer un caractère de saut - Saut de bloc****.*

⇨ *Si l'option* ***Redistribution intelligente du texte*** *est cochée dans la rubrique* ***Texte*** *des préférences, InDesign ajoutera ou supprimera automatiquement une page courante s'il y a un trop plein de texte dans un bloc ou si une page contient un bloc de texte vidé suite à une redistribution de texte.*

E- Supprimer des liaisons de texte

▷ Cliquez sur le port de sortie d'un bloc lié.

Le pointeur apparaît alors sous la forme .

▷ Placez le pointeur sur ce même port de sortie ou sur le bloc lié suivant.

Le pointeur se transforme alors en symbole de liaison .

▷ Cliquez.

La liaison est alors rompue et le port de sortie du premier bloc apparaît avec le symbole ⊞*. Les autres blocs apparaissent vides.*

F- Modifier les propriétés d'un bloc de texte

▷ Sélectionnez le bloc.

▷ **Objet - Options de bloc de texte** - onglet **Général** ou cmd ⌘ **B** (Mac), Ctrl **B** (PC)

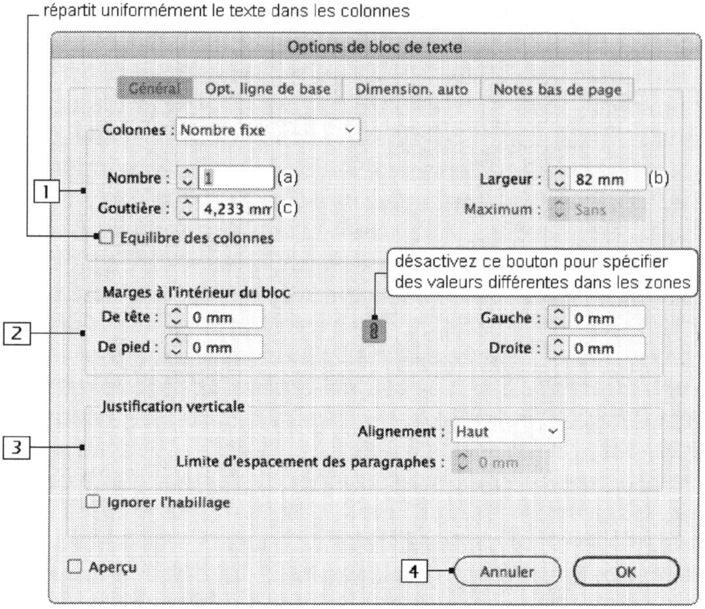

[1] Pour créer des colonnes, indiquez le nombre (a) et la largeur (b) de colonnes souhaités puis indiquez l'espace entre les colonnes (c) dans l'unité que vous souhaitez.
L'option **Nombre fixe** étant sélectionnée par défaut dans la liste **Colonnes**, quel que soit le nombre de colonnes, la largeur du bloc restera la même, c'est la largeur des colonnes qui changera en fonction du nombre de colonnes spécifié. Choisissez l'option **Largeur fixe** pour augmenter la largeur du bloc et fixer la largeur des colonnes ou l'option **Largeur modifiable** pour spécifier la largeur des colonnes.

[2] Déterminez l'espace entre le texte et le bord de chaque côté du bloc.

[3] Indiquez comment le texte doit être aligné verticalement dans la hauteur du bloc : **Haut**, **Centrer**, **Bas** ou **Justifier**. Si l'alignement est **Justifier**, vous pouvez imposer une distance fixe entre les paragraphes.

[4] Cliquez sur **OK**.

⇨ *L'onglet **Dimensionnement automatique** de la boîte de dialogue **Options de bloc de texte** (**Objet - Options de bloc de texte**) permet de dimensionner un bloc de texte automatiquement en fonction de son contenu ; vous pourrez choisir le bord fixe du bloc et éventuellement spécifier des contraintes de hauteur et de largeur pour le bloc.*

⇨ *Pour insérer un saut de colonne, faites **Texte - Insérer un caractère de saut - Saut de colonne**.*

G- Régler la première ligne de base

▷ Sélectionnez le bloc concerné.

▷ **Objet - Options de bloc de texte** - onglet **Options de ligne de base**

- Dans la liste **Décalage**, choisissez la référence pour la distance par rapport au texte :

  Ascendante : c'est la ligne supérieure atteinte par un caractère type d, b... qui sera alignée sur la marge supérieure du bloc.

  Hauteur des capitales : c'est la ligne supérieure atteinte par un caractère en capitale : A, H.

  Interligne : pour utiliser la valeur d'interlignage (distance entre les lignes de base d'un paragraphe). Dans ce cas, cette distance est utilisée comme distance entre la marge supérieure et la première ligne de base.

  Œil : la partie supérieure des caractères bas de casse : a, e, o... (c'est la hauteur d'œil des caractères) est alignée sur l'encart supérieur du bloc.

  Fixe : pour indiquer vous-même la distance entre la première ligne de base et la marge supérieure du bloc.

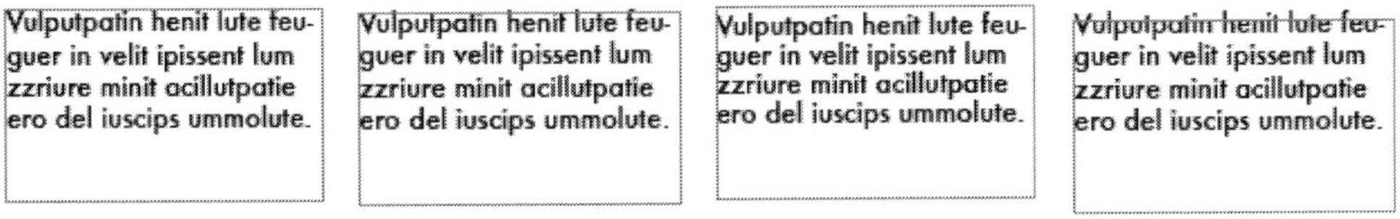

Ascendante *Hauteur des capitales* *Interligne* *Œil*

- Vous pouvez indiquer une valeur pour le décalage dans la zone d'édition **Min**. Attention, il existe une valeur seuil avant de voir effectivement le décalage apparaître (pratiquement la hauteur de corps de caractère utilisé).
- Cliquez sur **OK**.

H-Sélectionner du texte

- Activez l'outil **Texte** [T]

Pour sélectionner :	Méthode
plusieurs caractères	effectuez un cliqué glissé du premier au dernier caractère.
un mot	effectuez un double clic sur le mot.
plusieurs mots	cliquez devant le premier mot à sélectionner, maintenez les touches [⇧] et [cmd ⌘] (Mac) ou [Ctrl] (PC) et appuyez sur la touche [→].
une ligne	effectuez trois clics sur la ligne.
un paragraphe	effectuez quatre clics dans le paragraphe.
une partie d'un article	depuis la position du point d'insertion, maintenez les touches [⇧] et [cmd ⌘] (Mac) ou [Ctrl] (PC) et appuyez sur la touche [Fin].
un article	**Edition - Tout sélectionner**

I- Utiliser les glyphes

Un glyphe est une forme particulière d'un caractère : une capitale spécifique, des chiffres en petites capitales, des ligatures (fusion de 2 ou 3 caractères comme f et l), des fractions numériques...

- Dans un bloc de texte, positionnez le point d'insertion où vous souhaitez insérer le glyphe.
- **Texte - Glyphes** ou **Fenêtre - Texte et tableaux - Glyphes**

1 Choisissez une police.

2 Sélectionnez un style (gras, italique, normal...) ; les options disponibles dépendent de la police choisie.

3 Faites un double clic sur le glyphe à insérer.

J- Insérer des caractères spécifiques

- Dans un bloc de texte, positionnez le point d'insertion où vous souhaitez insérer le ou les caractères.
- Pour insérer un caractère spécial tel que : puce, points de suspension, symbole de copyright, de marque commerciale, guillemets, tiret, trait d'union... : **Texte - Insérer un caractère spécial - Symboles** puis sélectionnez le caractère voulu dans la liste.
- Pour insérer des guillemets, utilisez **Texte - Insérer un caractère spécial - Guillemets** le type de guillemets souhaité.
- Pour insérer un tiret, utilisez **Texte - Insérer un caractère spécial - Césures et tirets**.

▷ Pour insérer une espace particulière, faites **Texte - Insérer une espace** puis cliquez sur l'espace voulue :

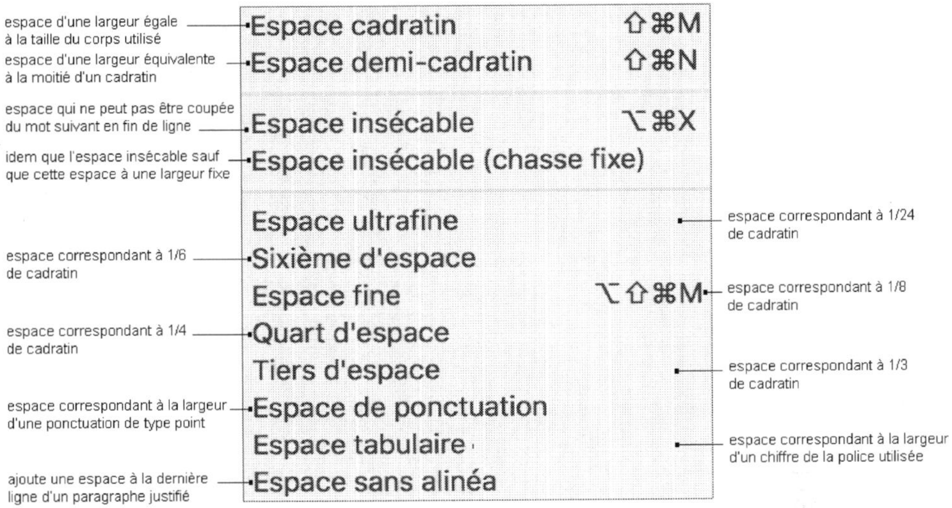

K- Insérer une note de bas de page

▷ Cliquez à droite du mot auquel doit faire référence la note.

▷ **Texte - Insérer une note de bas de page**

▷ Saisissez le texte de la note.

⇨ *Pour modifier les **Options de note de bas de page du document**, cliquez sur l'option correspondante du menu **Texte**.*

⇨ *Pour supprimer une note, supprimez le numéro d'appel de note : la numérotation est réactualisée en conséquence.*

L- Rechercher et remplacer du texte

▷ Pour limiter la recherche à un ou plusieurs blocs ou à une sélection de texte, sélectionnez les blocs ou le texte concernés.

▷ **Edition - Rechercher/Remplacer** - onglet **Texte** [cmd ⌘] **F** (Mac) ou [Ctrl] **F** (PC)

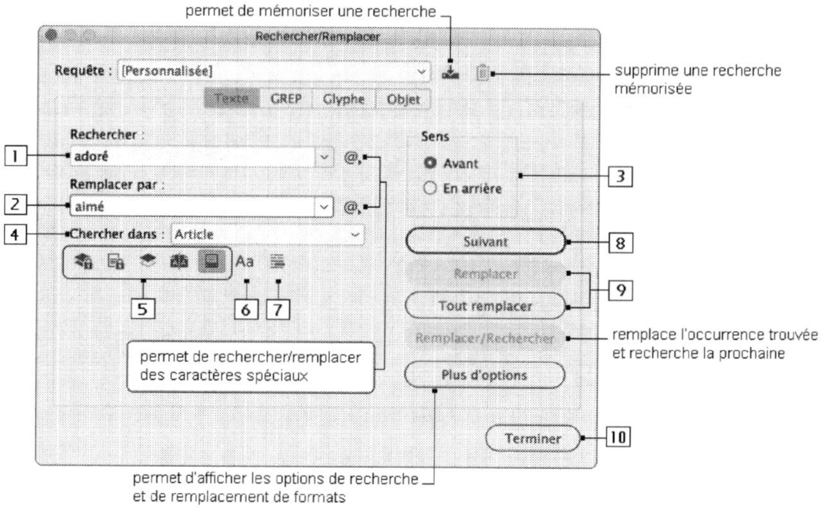

[1] Saisissez le ou les mots à rechercher.

[2] Saisissez le ou les mots qui doivent remplacer ceux trouvés.

[3] Choisissez le sens de la recherche : **Avant** pour lancer la recherche après la position du point d'insertion ou **En arrière** pour le faire précédemment à la position du point d'insertion.

[4] Indiquez la portée de la recherche :

Tous les documents	Dans les documents ouverts.
Document	Dans le document actif.
Article	Dans le ou les blocs constituant l'article (même dans le texte en excès).
Articles	Dans tous les articles sélectionnés.
Jusqu'à la fin de l'article	À partir de la position actuelle du point d'insertion jusqu'à la fin de l'article.
Sélection	Dans la sélection active.

[5] Choisissez les éléments à inclure dans la recherche en activant le ou les boutons correspondants.

[6] Activez ce bouton pour rechercher le mot en respectant les capitales et les bas de casse ("adoré" et non "Adoré").

[7] Activez ce bouton pour rechercher un mot entier.

[8] Lancez la recherche.

[9] Pour remplacer l'occurrence trouvée, cliquez sur le bouton **Remplacer** puis pour rechercher la prochaine occurrence, cliquez de nouveau sur le bouton **Suivant**. Pour remplacer toutes les occurrences du mot trouvé, cliquez sur **Tout remplacer**.

[10] Cliquez sur ce bouton lorsque vous avez terminé vos recherches.

⇨ *L'onglet **Glyphe** permet de rechercher et de remplacer des glyphes tandis que l'onglet **Objet** va permettre de rechercher et de remplacer des formats d'objet. L'onglet **GREP** permet de faire des recherches spéciales telles que tous les textes entre guillemets, des numéros de téléphone ayant une mise en forme spécifique...*

M-Vérifier l'orthographe

- Définissez la portée de la recherche dans la vérification orthographique : **InDesign** (Mac)/**Edition** (PC) - **Préférences - Orthographe**.

  Cochez les options voulues : **Mots mal orthographiés**, **Mots répétés**, **Mots en minuscule**, **Phrases en minuscule** et validez par le bouton **OK**.
- Sélectionnez ce que vous voulez vérifier (une sélection, un ou des articles...).
- **Edition - Orthographe - Orthographe** ou [cmd ⌘] **I** (Mac), [Ctrl] **I** (PC)

  Si InDesign rencontre un mot inconnu ou mal orthographié, il l'affiche dans la zone **Absent du dictionnaire**.

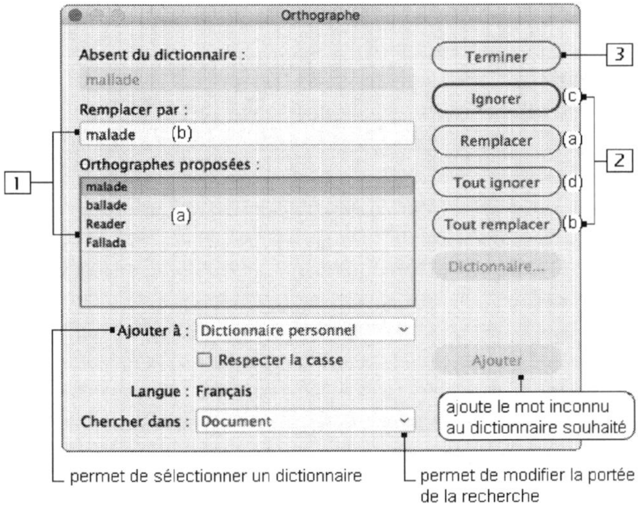

[1] Sélectionnez une des suggestions de correction proposées dans la liste (a) ou saisissez la bonne orthographe (b).

[2] Cliquez sur le bouton :

(a) pour remplacer cette occurrence.
(b) pour remplacer toutes les occurrences de ce mot.
(c) si vous ne souhaitez pas corriger ce mot.
(d) pour qu'InDesign ne s'arrête plus sur aucune des occurrences de ce mot.

[3] Cliquez sur ce bouton lorsque la recherche est terminée.

⇨ *Cette vérification s'effectue en fonction de la langue attribuée au texte dans la liste **Langue** du panneau **Caractère**.*

⇨ *Pour créer un dictionnaire personnel : **InDesign** (Mac)/**Edition** (PC) - **Préférences - Dictionnaire**.*

Cliquez sur le bouton . Les dictionnaires ont l'extension .udc.

⇨ *InDesign peut effectuer des corrections automatiques en cours de frappe :* ***InDesign*** *(Mac)/* ***Edition*** *(PC)* ***- Préférences - Correction automatique****. Cochez l'option* ***Activer la correction automatique****. Pour compléter la liste des corrections automatiques, cliquez sur le bouton* ***Ajouter****, saisissez le* ***Mot mal orthographié*** *et sa* ***Correction*** *puis validez. La correction automatique peut également être activée par* ***Edition - Orthographe - Correction automatique****.*

⇨ *La correction orthographique dynamique permet de corriger les fautes d'orthographe en cours de frappe en utilisant le menu contextuel. Pour l'activer :* ***Edition - Orthographe - Vérification orthographique dynamique****. Le menu contextuel du mot mal orthographié vous permet d'accéder à des propositions d'orthographe.*

3.3 Mise en forme des caractères

A- Notions de base

L'**interlignage** est la distance verticale entre deux lignes de base du texte. Par défaut, dans InDesign, l'interlignage est défini à 120 % de la taille du corps utilisé. Par exemple, une ligne constituée d'un texte ayant une taille de corps de 10 points aura un interlignage de 12 points. InDesign prend toujours la taille de corps la plus élevée de la ligne pour calculer l'interlignage.

Le **crénage** est l'espace mesuré entre deux caractères. L'unité est le millième de cadratin et InDesign travaille par défaut avec du 20/1000 de cadratin (valeur définie dans les préférences **Unités et incréments**, zone **Crénage/Approche**).

InDesign utilise deux méthodes de crénage : le crénage **métrique** (par défaut) utilise les données fournies par la police de caractères (espaces entre une multitude de paires de caractères : To, Ta, P., Yo, etc.) ; le crénage **optique** permet de modifier l'espace entre deux caractères de deux polices différentes.

L'**approche** est l'espace identique situé entre plusieurs caractères, un mot entier ou plusieurs mots. L'unité est aussi le millième de cadratin.

B- Utiliser les panneaux de mise en forme

La mise en forme des caractères peut se faire dans le panneau ***Contrôle*** *ou le panneau* ***Caractère****.*

▷ **Fenêtre - Contrôle**

Si besoin, affichez les options de mise en forme des caractères en cliquant sur le bouton A : les options de mise en forme des caractères s'affichent à gauche du panneau tandis que celles concernant les paragraphes s'affichent sur la droite du panneau.

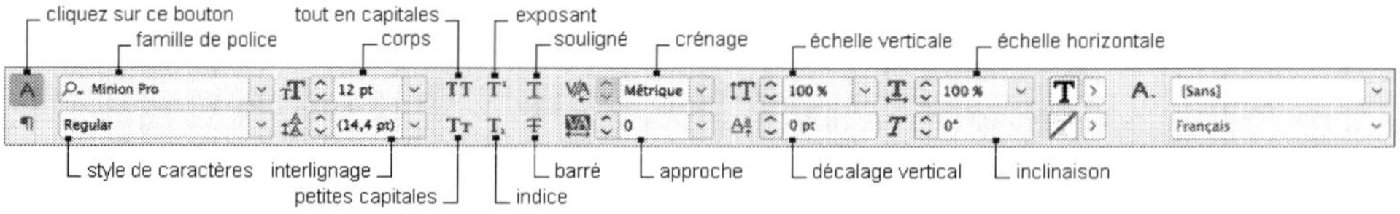

▷ **Texte et tableau - Caractère** ou cmd ⌘ **T** (Mac), Ctrl **T** (PC)

Si besoin, dans le menu des options du panneau, cliquez sur **Afficher les options**.

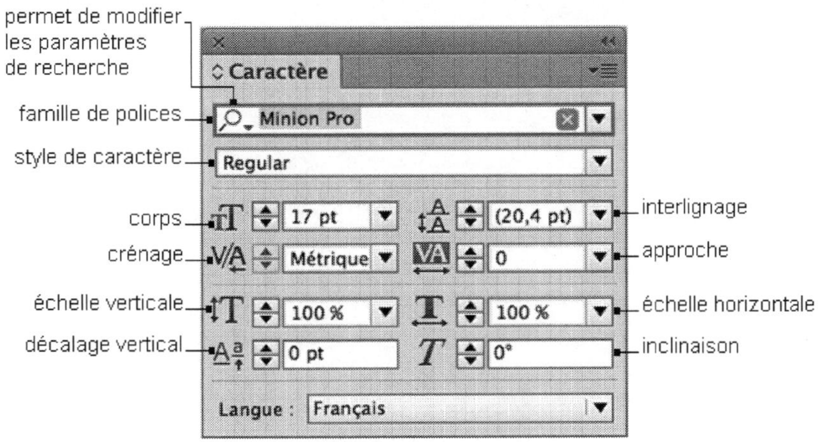

⇨ *Vous pouvez également choisir le style de caractère (Regular, Italic, Bold...) directement à partir de la liste des polices de caractère : ouvrez la liste des polices de caractère, cliquez sur le symbole de la police à utiliser puis cliquez sur le style de caractère à associer à la police. Lorsque vous cliquez directement sur le nom de la police, c'est le style* ***Regular*** *qui est appliqué.*

⇨ *La partie supérieure de la liste* ***Police*** *affiche les polices récemment utilisées (10 maximum) ; ces polices sont séparées des autres polices non utilisées par une ligne horizontale.*

⇨ *Si vous travaillez régulièrement avec les mêmes polices de caractère, vous pouvez les ajouter à la liste des polices favorites : ouvrez la liste des polices du panneau* ***Contrôle*** *ou* ***Caractère*** *puis cliquez sur l'étoile de chaque police à ajouter à liste des polices favorites ; un clic sur l'étoile d'une police permet de la retirer de la liste des polices favorites. Ensuite, dans la liste des polices, cochez l'option* ***Afficher uniquement les polices favorites*** *pour n'afficher que les polices favorites dans la liste.*

⇨ *Les paramètres par défaut des fonctions* ***Exposant***, ***Indice*** *et* ***Petites capitales*** *peuvent être modifiés dans la boîte de dialogue* ***Préférences*** *-* ***Texte avancé***.

⇨ *Vous pouvez modifier les* ***Options de soulignement*** *ou les* ***Options de texte barré*** *(style, couleur, décalage) en choisissant la commande correspondante dans le menu des options du panneau* ***Contrôle*** *ou* ***Caractère***.

C- Mettre à l'échelle un bloc et son contenu manuellement

▷ Pour mettre à l'échelle le contenu d'un bloc de texte en même temps que vous redimensionnez manuellement ce dernier, sélectionnez l'outil. Maintenez la touche cmd ⌘ (Mac) ou Ctrl (PC) et faites glisser une des poignées du bloc.

Le bloc et le texte sont mis à l'échelle de manière identique.

⇨ *Pour mettre à l'échelle un bloc de texte, vous pouvez aussi activer l'outil* ***Mise à l'échelle*** 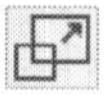*, choisir votre point de référence puis faire un cliqué-glissé sur une poignée : le bloc et son contenu sont mis à l'échelle.*

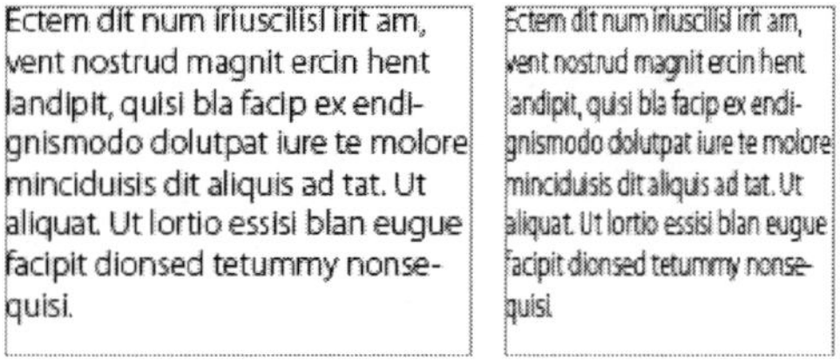

D- Changer la casse

▷ Sélectionnez le texte.

▷ **Texte - Modifier la casse**

▷ Choisissez une des options pour obtenir le résultat correspondant :

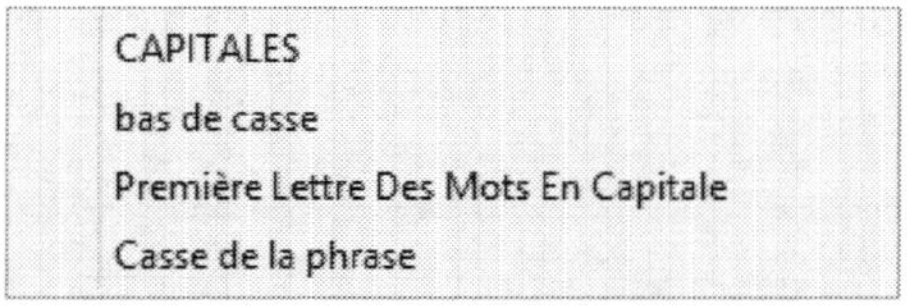

E- Appliquer couleur et dégradé

▷ Sélectionnez le texte.

▷ **Fenêtre - Couleur - Nuancier** ou F5

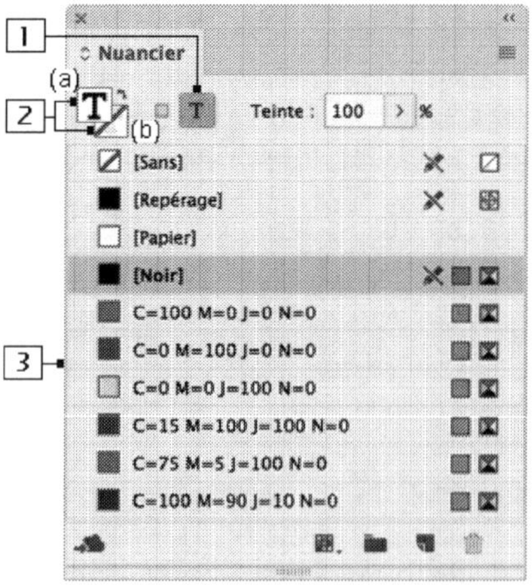

1 Veillez à ce que ce bouton soit actif.

2 Pour appliquer une couleur au fond du texte, activez le bouton **Fond** (a).
Pour appliquer une couleur au contour du texte, activez le bouton **Contour** (b).

3 Choisissez une couleur ou un dégradé.

▷ Modifiez, si besoin, l'**Epaisseur** du contour dans le panneau **Contour**.

⇨ *Pour appliquer une couleur de fond ou de contour au texte sélectionné, vous pouvez également cliquer sur le bouton* > *associé à l'outil* ***Fond*** T *ou à l'outil* ***Contour*** T *du panneau* ***Contrôle***.

F- Rechercher et remplacer une mise en forme

Vous avez la possibilité de remplacer une mise en forme par une autre ou de remplacer du texte avec une mise en forme particulière par un autre texte, avec lui aussi une mise en forme particulière.

▷ Pour limiter la recherche à un ou plusieurs blocs ou à une sélection de texte, sélectionnez les blocs ou le texte concernés.

▷ **Edition - Rechercher/Remplacer** ou cmd ⌘ **F** (Mac), Ctrl **F** (PC)

▷ Si besoin, cliquez sur l'onglet **Texte** puis sur le bouton **Plus d'options**.

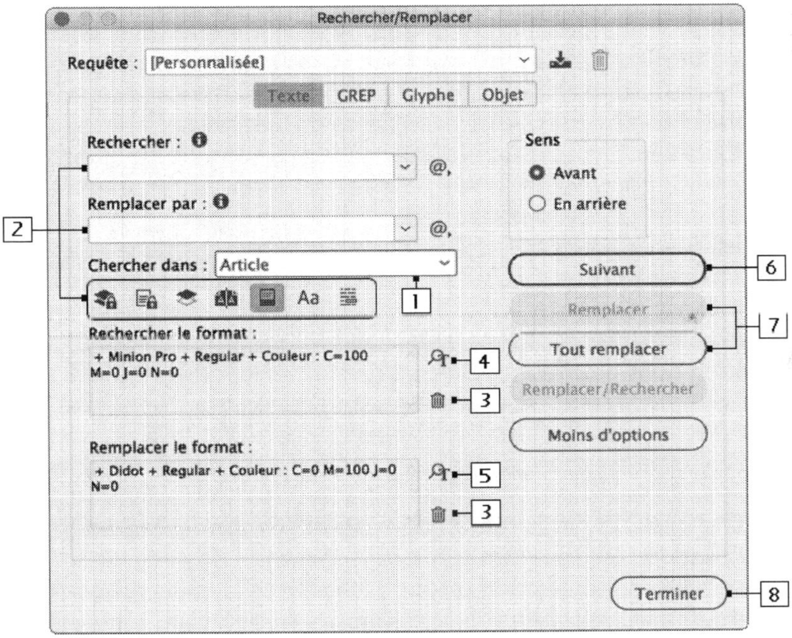

1 Ciblez la recherche.

2 Si vous souhaitez effectuer un remplacement de texte, renseignez ces critères (cf. 3.2 L - Rechercher et remplacer du texte). À l'inverse, si besoin supprimez les critères déjà existants.

3 Cliquez, si nécessaire, sur ces boutons pour supprimer les critères déjà existants.

[4] Cliquez sur ce bouton puis, dans la boîte de dialogue qui s'affiche, sélectionnez les éléments de mise en forme de caractères que vous recherchez.

[5] Cliquez ensuite sur ce bouton pour définir les attributs à appliquer.

[6] Lancez la recherche.

[7] Pour remplacer l'occurrence trouvée, cliquez sur le bouton **Remplacer** puis pour rechercher la prochaine occurrence, cliquez sur le bouton **Suivant**. Pour remplacer toutes les occurrences du mot trouvé, cliquez sur le bouton **Tout remplacer**.

[8] Cliquez sur ce bouton lorsque vous avez terminé vos recherches.

G- Remplacer les polices manquantes

Si vous ouvrez une composition qui comporte des polices qui ne sont pas installées sur votre machine, InDesign vous prévient par un message d'alerte.

▷ Dans le message d'alerte, cliquez sur le bouton **Trouver les polices** pour remplacer une police manquante par une police présente dans votre système.

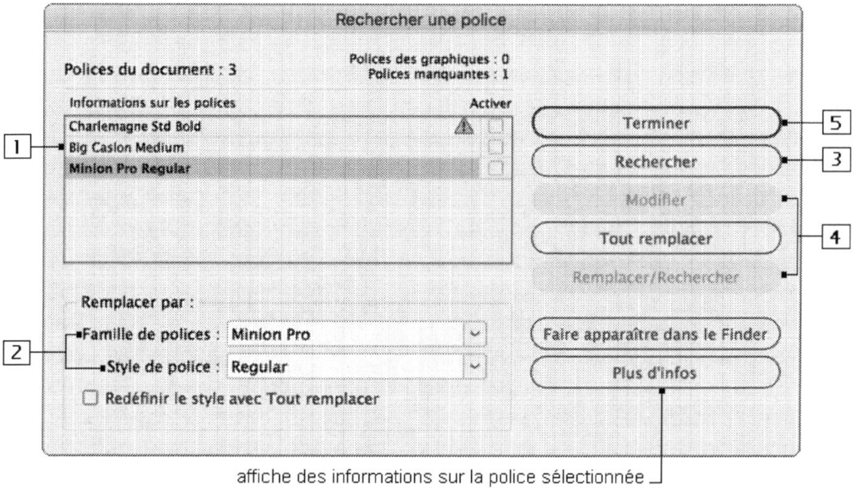

[1] Sélectionnez une police manquante signalée par le picto au point d'exclamation.

[2] Choisissez une police de remplacement et une déclinaison de celle-ci (Regular, Bold, Italic...).

[3] Lancez la recherche dans le document.

[4] Pour remplacer la première occurrence trouvée, cliquez sur le bouton **Modifier** puis pour rechercher la prochaine occurrence, cliquez sur le bouton **Suivant**. Pour remplacer toutes les occurrences, cliquez sur le bouton **Tout remplacer**.

[5] Cliquez sur ce bouton lorsque vous avez terminé les remplacements.

⇨ *Si vous n'avez pas effectué ce remplacement, InDesign met en surbrillance le texte qui utilise la police manquante.*

⇨ *La commande **Texte - Rechercher une police** permet de remplacer une police par une autre : vous retrouvez la boîte de dialogue **Rechercher une police**.*

3.4 Mise en forme des paragraphes

A- Utiliser les panneaux de mise en forme

La mise en forme des paragraphes peut se faire avec le panneau ***Contrôle*** *ou le panneau* ***Paragraphe****.*

▷ **Fenêtre - Contrôle**

Affichez, si besoin, les options de mise en forme des paragraphes en cliquant sur le bouton ¶ : les options de mise en forme des paragraphes s'affichent à gauche du panneau tandis que celles concernant les caractères s'affichent sur la droite du panneau.

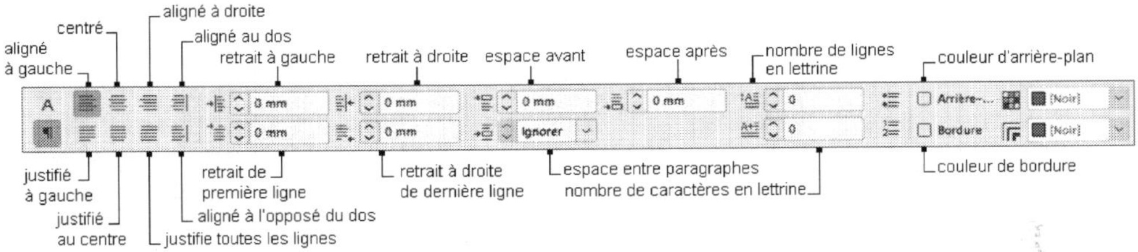

▷ **Texte - Paragraphe** ou [cmd ⌘] [alt] **T** (Mac) ou [Ctrl] [Alt] **T** (PC)

Si besoin, dans le menu des options du panneau ☰, cliquez sur **Afficher les options**.

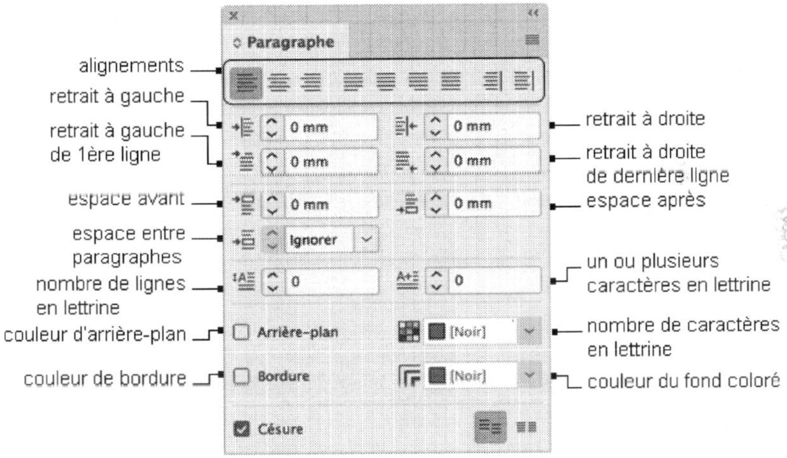

⇨ *L'option* ***Aligner au dos*** *permet, dans un document de plusieurs pages en recto verso, d'aligner le texte sur la reliure : alignement à droite sur une page gauche et alignement gauche sur une page droite et inversement avec un* ***Aligner à l'opposé du dos****.*

⇨ *Il est possible d'éviter que les ponctuations soient prises en compte dans l'alignement des textes : dans le panneau* ***Article*** *(****Texte - Article****), cochez l'option* ***Alignement optique des marges*** *puis indiquez la valeur de dépassement autorisée. Pour un meilleur rendu, indiquez une valeur identique à la taille du corps utilisé.*

B- Répartir un titre sur plusieurs colonnes

Il s'agit ici de répartir sur une seule colonne, le titre d'un bloc de texte constitué de plusieurs colonnes.

▷ Cliquez dans le premier paragraphe du bloc de texte, celui du titre ; si le titre est constitué de plusieurs paragraphes, sélectionnez-les.

▷ Cliquez sur  du panneau **Paragraphe** puis cliquez sur **Etendue de colonnes**.

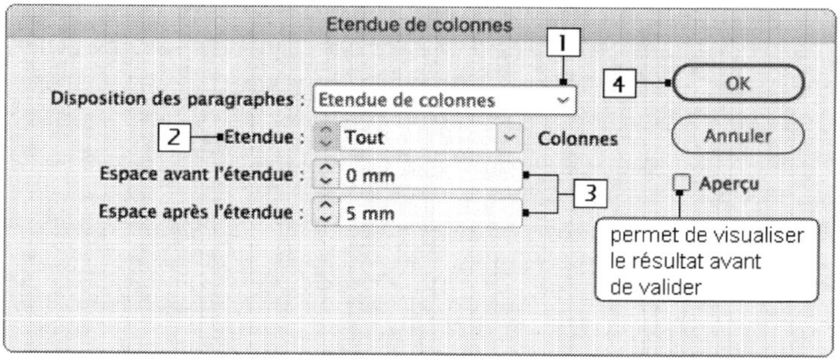

[1] Sélectionnez cette option.

[2] Spécifiez sur combien de colonnes doit être réparti le texte du paragraphe.

[3] Spécifiez les valeurs à appliquer avant et après le paragraphe.

[4] Validez.

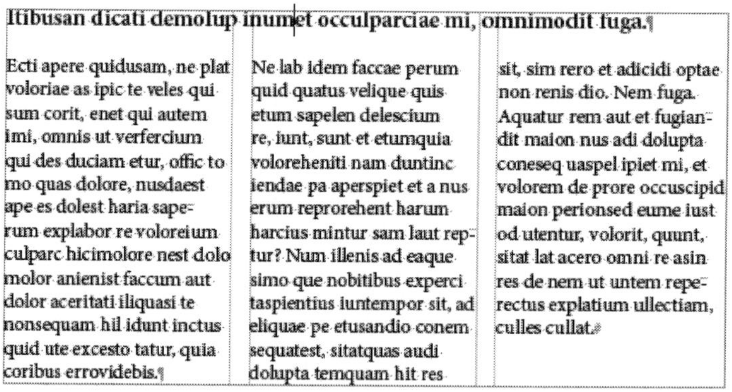

⇨ *L'option* ***Scinder la colonne*** *de la liste* ***Disposition des paragraphes*** *permet de créer des colonnes pour le paragraphe actif ou les paragraphes sélectionnés dans le bloc de texte.*

⇨ *L'option* ***Etendue de colonnes*** *de la liste* ***Disposition des paragraphes*** *permet de répartir le texte du paragraphe sur plusieurs colonnes.*

C- Créer un retrait négatif

▷ Cliquez dans le paragraphe concerné ; si plusieurs paragraphes sont concernés, sélectionnez-les.

▷ Dans le panneau **Contrôle** ou **Paragraphe**, indiquez une valeur de **Retrait à gauche** positive et un **Retrait de première ligne** négatif.

▷ Pour créer un retrait négatif calé sur un caractère spécial, cliquez là où doit se faire le retrait puis : **Texte - Insérer un caractère spécial - Autre - Retrait jusqu'à ce point**.

caractère masqué du **Retrait jusqu'à ce point**

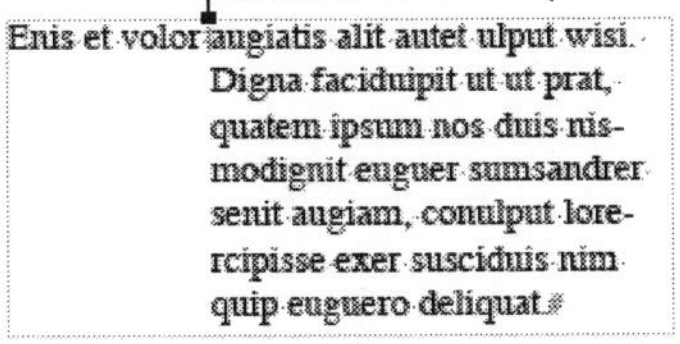

D- Créer une lettrine

▷ Cliquez dans le paragraphe concerné ; si plusieurs paragraphes sont concernés, sélectionnez-les.

▷ Utilisez les zones **Nombre de lignes en lettrine** et **Un ou plusieurs caractères en lettrine** du panneau **Contrôle** ou **Paragraphe** :

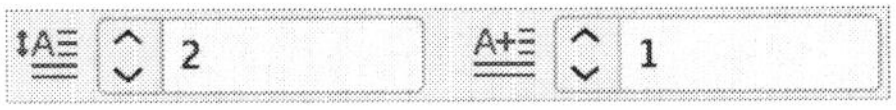

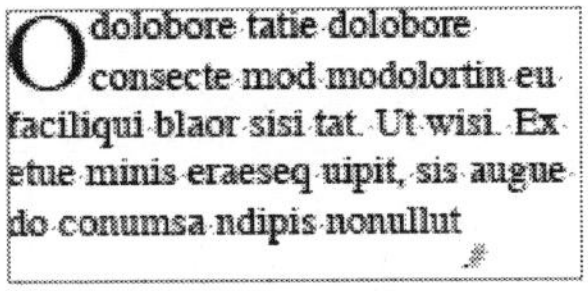

▷ Pour appliquer à la lettrine un style de caractère préalablement défini, dans le menu des options du panneau **Paragraphe**, choisissez **Lettrines et styles imbriqués**.

Dans le menu déroulant **Style de caractère**, choisissez le style à appliquer à la lettrine et validez (la création de styles est abordée à la section 3.7 de ce chapitre).

⇨ *L'option **Aligner le bord gauche** de la boîte de dialogue **Lettrines et styles imbriqués** permet de caler parfaitement la lettrine sur le bord gauche du paragraphe. Quant à l'option **Echelle de jambage inférieure**, elle permet d'éviter qu'une lettrine masque le texte situé sous elle.*

E- Créer des filets de paragraphe

Les filets de paragraphe sont associés au paragraphe : ils sont déplacés et redimensionnés en fonction de la position et des retraits du paragraphe. Vous pouvez placer des filets au-dessus ou en dessous du paragraphe. La distance au-dessus est calculée à partir de la ligne de base de la première ligne du paragraphe jusqu'à la base du filet, et en dessous du paragraphe, la distance étant calculée entre la dernière ligne de base du paragraphe et le sommet du filet.

▷ Dans le menu des options du panneau **Contrôle** ou **Paragraphe**, choisissez **Filets de paragraphe**.

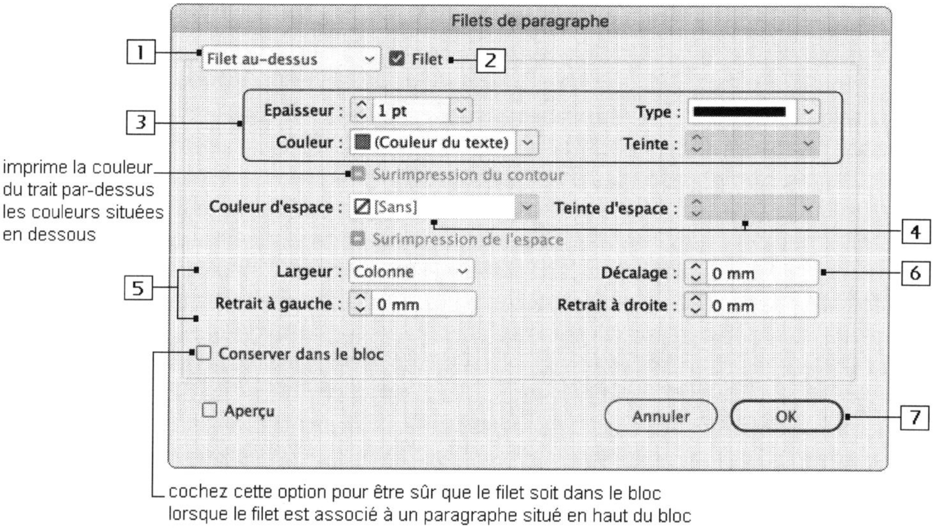

[1] Choisissez **Filet au-dessus** ou **Filet au-dessous**.

[2] Cochez cette option.

[3] Définissez l'apparence du filet.

[4] Si vous avez choisi un type **Pointillés**, **Tirets** ou **Hachures**, vous pouvez définir la teinte et la couleur des espaces.

[5] Spécifiez comment déterminer la largeur du filet :

Colonne Par rapport à la largeur de la colonne dans le bloc (qu'il y en ait une ou plusieurs).

Texte Par rapport aux retraits gauche et droit du paragraphe. Vous pouvez appliquer des retraits supplémentaires à l'aide des zones **Retrait à gauche** et **Retrait à droite**.

[6] Indiquez le décalage souhaité : la distance entre le filet et la ligne de base.

[7] Créez le filet de paragraphe.

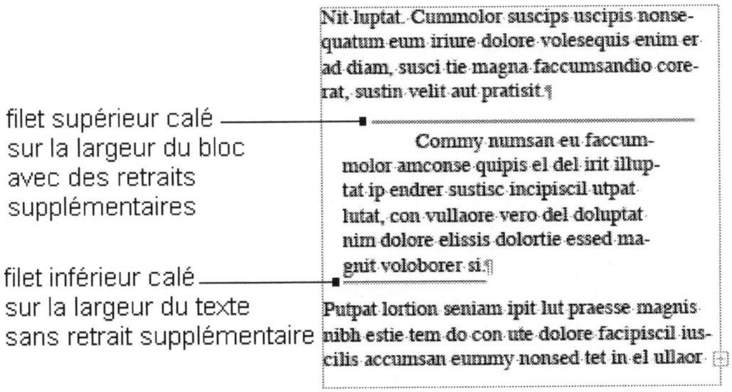

F- Utiliser la grille de ligne de base

Paramétrer la grille de ligne de base du document

La grille de ligne de base permet d'aligner les lignes de texte d'une colonne à l'autre dans un document.

▷ **InDesign** (Mac)/**Edition** (PC) **- Préférences - Grilles**

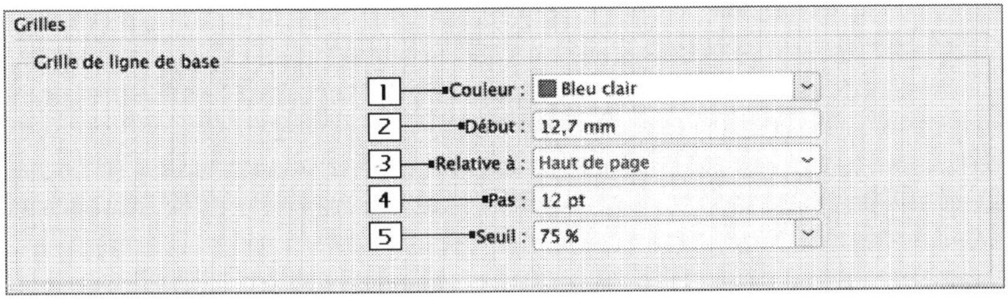

1 Si vous le souhaitez, modifiez la couleur d'affichage de la grille.

2 Indiquez à quelle distance du haut de la page ou de la marge supérieure doit commencer la grille.

3 Indiquez où doit débuter la grille : **Haut de page** ou **Marge supérieure**.

4 Spécifiez la distance entre les lignes de la grille. Vous devez choisir un pas au moins égal à l'interlignage du paragraphe. Vous pouvez saisir une valeur avec l'unité point, exemple : 12 pt.

5 Si besoin, augmentez le seuil de visibilité de la grille (en dessous d'un certain zoom, la grille affichée ne sera plus visible).

▷ Validez.

▷ Pour afficher la grille de ligne de base : **Affichage - Grilles et repères - Afficher la grille de ligne de base**.

Définir l'alignement sur la grille de ligne de base pour un style

▷ Après avoir paramétré la grille de ligne de base, créez un style de paragraphe et indiquez un interlignage fixe égal au **Pas** de la grille défini précédemment dans la catégorie **Formats de caractères de base**. Dans la catégorie **Retrait et espacement**, choisissez dans la liste déroulante **Aligner sur la grille**, le type souhaité : **Toutes les lignes** ou **Première ligne**.

▷ Appliquez ce style aux paragraphes concernés.

⇨ *La création de style est abordée à la section 3.7 de ce chapitre.*

Aligner un paragraphe sur la grille de ligne de base d'un bloc

La grille de ligne de base peut s'appliquer sur un bloc de texte de manière indépendante à la grille de base de la page.

▷ Affichez la grille de ligne de base.

▷ Placez le point d'insertion dans le bloc concerné par sa propre grille de ligne de base.

▷ **Objet - Options de bloc de texte** - onglet **Opt. ligne de base**

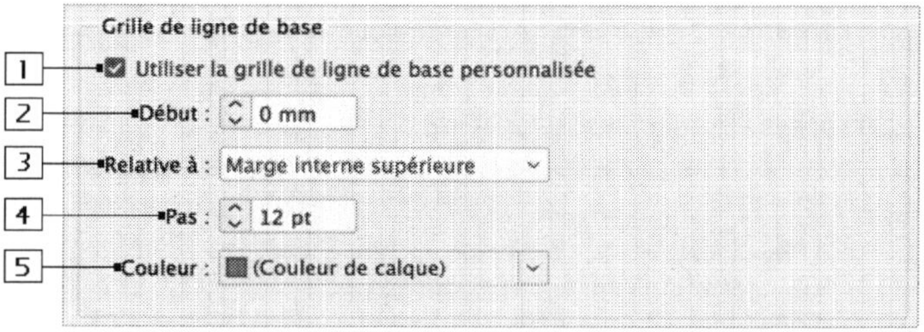

[1] Cochez cette option.

[2] Indiquez la distance de début d'apparition de la grille.

[3] Choisissez la position du début de la grille.

[4] Indiquez la distance entre les lignes de la grille ; elle doit être égale à l'interligne fixe des paragraphes.

[5] Choisissez éventuellement une autre couleur pour la grille du bloc.

▷ Cliquez sur le bouton **OK**.

▷ Créez un style de paragraphe dans lequel l'interligne fixe est égal au pas de la grille puis appliquez ce style au texte concerné.

▷ Pour aligner un paragraphe sur la grille de ligne de base du document, sélectionnez-le puis cliquez sur le bouton **Aligner sur la grille de ligne de base** du panneau **Paragraphe** ; pour aligner seulement la première ligne du paragraphe, dans le menu des options du panneau **Paragraphe**, choisissez l'option **Aligner seulement la première ligne sur la grille** dans le menu des options.

G- Définir les options d'enchaînement

Vous pouvez lier des paragraphes ou des lignes afin d'éviter qu'ils (elles) ne soient séparé(e)s en fin de colonne.

- ▷ Cliquez dans le paragraphe concerné.
- ▷ Dans le menu des options du panneau **Contrôle** ou **Paragraphe**, choisissez **Options d'enchaînement**.
- ▷ Pour qu'un paragraphe sélectionné soit toujours solidaire du paragraphe précédent, de façon à ce qu'il soit toujours lié à au moins la dernière ligne du paragraphe précédent, cochez l'option **Solidaire avec précédent**.
- ▷ Pour lier des paragraphes, dans le champ **Paragraphes solidaires**, indiquez le nombre de premières lignes (maximum 5) du paragraphe suivant qui doivent être liées à la dernière ligne du paragraphe sélectionné.
- ▷ Pour lier toutes les lignes d'un paragraphe, cochez l'option **Lignes solidaires** et activez l'option **Toutes les lignes du paragraphe**.
- ▷ Pour spécifier que X lignes en début et en fin de paragraphe ne seront jamais séparées en début ou en fin de colonne, cochez l'option **Lignes solidaires**, activez l'option **Au début/A la fin du paragraphe** puis indiquez le nombre de lignes concernées dans les champs **Début** et **Fin**.
- ▷ Pour forcer un paragraphe à débuter dans la **Colonne suivante** ou dans le **Bloc suivant**, ouvrez la liste **Début du paragraphe** et sélectionnez l'option correspondante.
- ▷ Validez.

H- Insérer des listes à puces ou numérotées

- ▷ Placez le point d'insertion dans le bloc de texte, à l'endroit où doit commencer la liste.
- ▷ Dans le panneau **Contrôle**, affichez, si besoin, les options de mise en forme des paragraphes en cliquant sur le bouton ¶ visible à gauche du panneau.
- ▷ Pour insérer une liste à puces, cliquez sur le bouton dans le panneau **Contrôle**. Pour insérer une liste numérotée, cliquez sur le bouton .
- ▷ Saisissez les éléments des listes en allant à la ligne à chaque élément de liste.
- ▷ Pour stopper la liste, cliquez de nouveau sur le bouton ou dans le paragraphe qui suit votre liste.
- ▷ Pour mettre en forme la liste, sélectionnez tous les paragraphes concernés et, dans le menu des options du panneau **Contrôle** ou **Paragraphe**, choisissez **Puces et numérotation**.

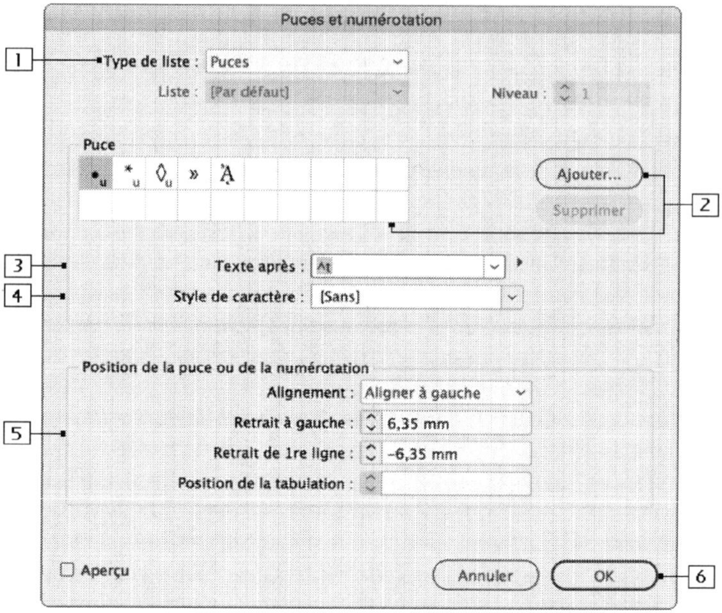

1 Choisissez **Puces** ou **Numéros**.

2 Pour une liste à puces, cliquez sur le symbole de puce voulu ou sur le bouton **Ajouter** pour choisir un caractère d'une police donnée. Pour une liste numérotée, définissez le **Style de numérotation** à l'aide des options de l'encadré correspondant.

3 Pour une liste à puces, indiquez quelle espace placer après la puce.

4 Sélectionnez éventuellement un style de caractère déjà créé pour mettre en forme la puce.

5 Définissez la position de la puce ou du numéro.

6 Validez.

▷ *Vous pouvez ajouter des puces ou des numéros à des paragraphes déjà saisis. Pour cela, il suffit de les sélectionner puis de cliquer sur le bouton*  *ou* .

▷ *Pour supprimer les puces ou les numéros associés à des paragraphes, sélectionnez-les puis, dans le panneau* ***Contrôle****, cliquez sur le bouton*  *ou*  *pour les désactiver.*

3.5 Césure et justification

A- Effectuer une césure manuelle

La césure détermine comment les mots vont être coupés en fin de ligne.

▷ Cliquez à l'endroit où la césure devra se faire.

▷ **Texte - Insérer un caractère spécial - Césures et tirets - Tiret conditionnel**

B- Interdire des césures

Pour un mot

▷ Cliquez devant le mot.

▷ **Texte - Insérer un caractère spécial - Césures et tirets - Tiret conditionnel**

Pour plusieurs mots

▷ Sélectionnez les mots concernés.

▷ Dans le menu des options du panneau **Contrôle** ou **Caractère**, cochez l'option **Sans retour automatique**.

Dans un paragraphe

▷ Sélectionnez le paragraphe.

▷ Dans le panneau **Contrôle** ou **Paragraphe**, décochez l'option **Césure**.

Définir des exceptions de césure

▷ Sélectionnez le mot qui ne doit jamais être coupé.

▷ **InDesign** (Mac)/**Edition** (PC) - **Orthographe - Dictionnaire utilisateur**

TEXTE ET BLOCS

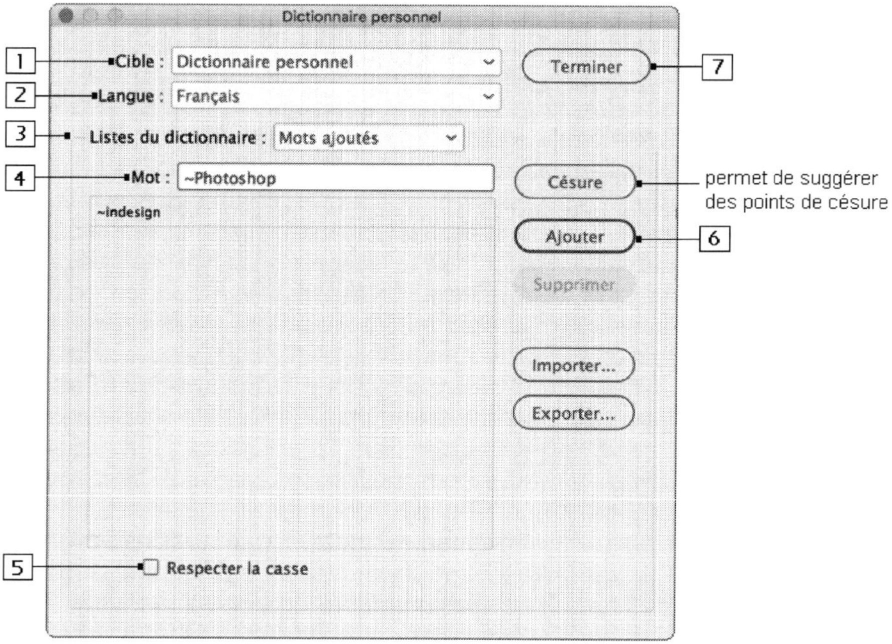

1 Indiquez où doit être stockée l'exception : dans un dictionnaire personnel nommé, dans le dictionnaire InDesign ou dans un dictionnaire associé au document.

2 Vérifiez la langue utilisée.

3 Choisissez **Mots ajoutés**.

4 Ajoutez un tilde (~) devant le mot.

5 Cochez cette option si la casse du mot doit être respectée.

6 Cliquez sur ce bouton.

Le mot apparaît dans la liste et n'est plus coupé dans le document.

7 Fermez la boîte de dialogue.

C- Définir les règles de césure

▷ Sélectionnez le ou les paragraphes concernés.

▷ Ouvrez le menu des options du panneau **Contrôle** ou **Paragraphe** et choisissez **Césure**.

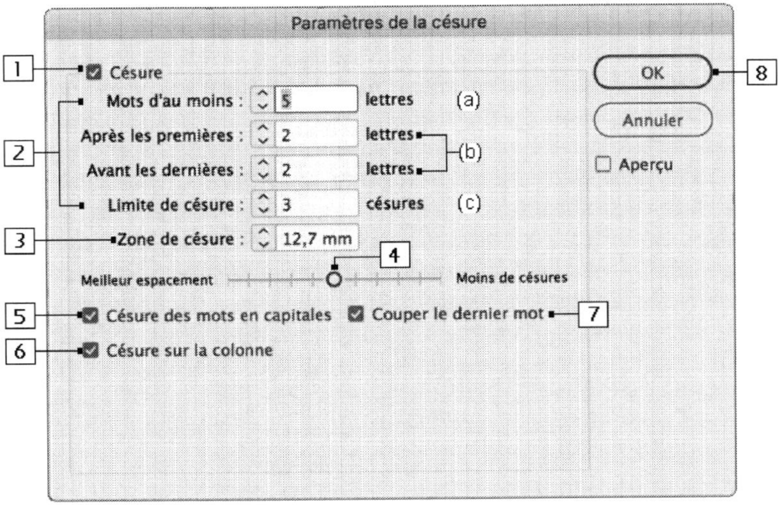

1 Cochez cette option.

2 Indiquez :

(a) Combien de lettres doit contenir un mot pour qu'il puisse être coupé en fin de ligne.
(b) Combien il doit y avoir de lettres avant et après la césure.
(c) Combien de tirets de césure consécutifs vous acceptez en fin de ligne (attention : 0 signifie que vous acceptez un nombre illimité de césures consécutives).

3 Indiquez la distance depuis le bord droit du bloc où doit s'effectuer la césure d'un mot, dans le cas d'un paragraphe avec un alignement de type non justifié et avec le mode de composition ligne simple Adobe.

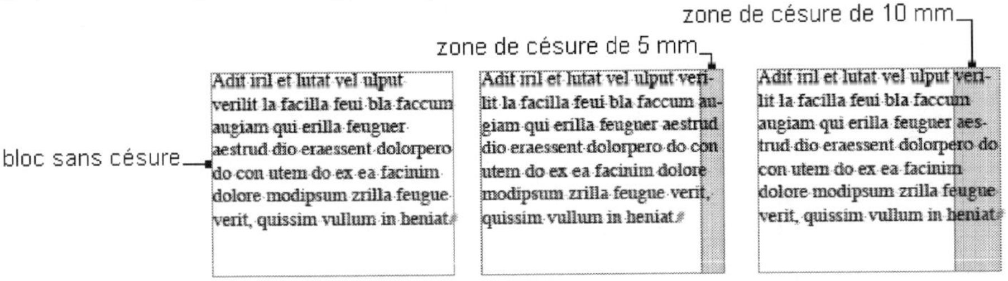

4 Utilisez ce curseur pour trouver un équilibre entre l'espacement entre les mots et le nombre de césures.

5 Décochez cette option si vous ne souhaitez pas que les mots en capitales soient coupés.

6 Décochez cette option pour éviter qu'un mot soit coupé sur deux colonnes.

7 Décochez cette option pour éviter que le dernier mot d'un paragraphe soit coupé.

8 Validez.

D- Paramétrer la justification

Vous pouvez décider comment InDesign va gérer les espaces entre les caractères et entre les mots, pour avoir un texte d'aspect "serré" ou, au contraire, "espacé".

▷ Dans le menu des options du panneau **Contrôle** ou **Paragraphe**, choisissez **Justification**.

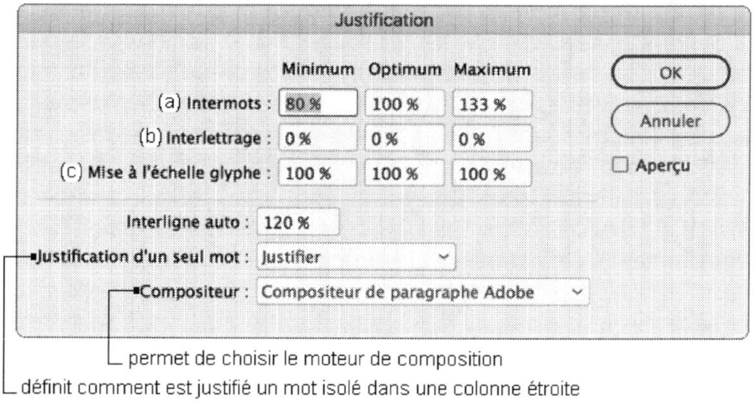

*Les champs **Minimum**, **Optimum** et **Maximum** ne fonctionnent que pour un texte justifié. Pour les autres types d'alignement, InDesign utilise le champ **Optimum**.*

▷ Dans les colonnes **Minimum**, **Optimum** et **Maximum**, indiquez respectivement la limite inférieure, la valeur optimale souhaitée et la limite supérieure qu'InDesign doit respecter pour la distance entre les mots (a), la distance entre les lettres (b), la largeur des caractères (c).

▷ Cliquez sur **OK**.

⇨ *Si vous indiquez des valeurs minimale, optimale et maximale trop proches, il peut arriver qu'InDesign ne puisse pas les utiliser pour effectuer la justification. Vous pouvez mettre en surbrillance les zones où InDesign ne respecte pas vos valeurs : dans les préférences, catégorie **Composition**, cochez l'option **Infractions de césure et de justification**.*

3.6 Tabulations

A- Créer les tabulations

▷ Cliquez dans le paragraphe où les tabulations doivent être placées ; si plusieurs paragraphes sont concernés, sélectionnez-les.

▷ **Texte - Tabulations** ou cmd ⌘ ⇧ **T** (Mac), Ctrl ⇧ **T** (PC)

▷ Si besoin, réalisez un cliqué-glissé pour déplacer le panneau **Tabulations** au-dessus du bloc de texte ou cliquez sur le bouton situé à droite de la réglette.

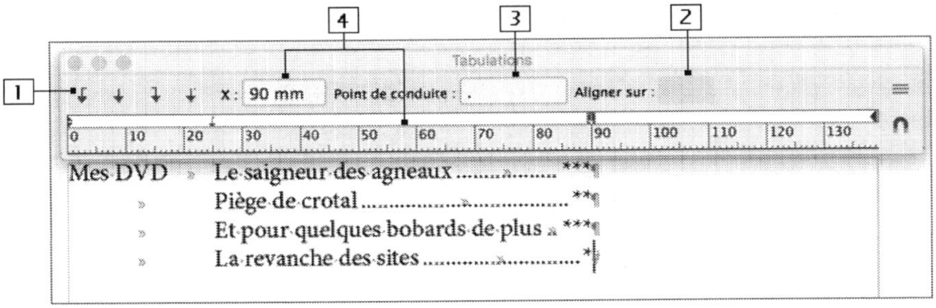

[1] Choisissez le type de tabulation : justifiée à gauche, centrée, justifiée à droite ou décimale.

[2] Si vous avez choisi une tabulation décimale, indiquez ici le caractère d'alignement.

[3] Si vous souhaitez des points de conduite, saisissez le caractère voulu.

[4] Cliquez sur la réglette pour positionner la tabulation ou saisissez une valeur de positionnement dans le champ **X**.

▷ Dans le bloc de texte pour chaque paragraphe concerné, appuyez sur la touche [⇥] (Mac) ou [⇆] (PC) pour positionner le point d'insertion au niveau de la marque de tabulation puis, si besoin, saisissez le texte qui suit.

⇨ *Pour placer automatiquement des tabulations à intervalles fixes basés sur la distance entre le retrait gauche du paragraphe et la première tabulation insérée, placez cette tabulation puis, dans le menu des options du panneau* ***Tabulations****, choisissez* ***Répéter la tabulation****.*

⇨ *Pour aligner immédiatement un caractère à droite du paragraphe, sans calculer la distance, cliquez à la fin du paragraphe puis :* ***Texte - Insérer un caractère spécial - Autre - Tabulation de retrait à droite*** *et saisissez le caractère.*

B- Gérer les tabulations

▷ Pour modifier la position d'une tabulation, sélectionnez-la dans le panneau **Tabulations** en cliquant dessus dans la réglette puis faites-la glisser à l'endroit voulu ou saisissez une nouvelle valeur dans la zone **X**.

▷ Pour modifier le type d'une tabulation, sélectionnez-la puis cliquez sur le bouton d'un autre type.

▷ Pour supprimer une tabulation, cliquez et glissez la marque en dehors de la réglette.

▷ Pour supprimer toutes les tabulations, dans le menu des options du panneau **Tabulations**, choisissez **Tout effacer**.

3.7 Styles

A- Créer un style de caractère ou de paragraphe

Un style de caractère ou de paragraphe permet de mémoriser une mise en forme que vous pourrez appliquer rapidement à un texte de la composition. Plus loin dans cet ouvrage, vous verrez également comment créer des styles d'objets, de cellules ou de tableaux.

▷ Si le style à créer doit, entre autres, reprendre la mise en forme d'un texte existant, sélectionnez le texte concerné (style de caractère) ou cliquez dans le paragraphe concerné ; sinon veillez à ce qu'aucun bloc de texte ne soit sélectionné.

▷ **Texte - Styles de caractère** ou ⇧ F11 ou **Texte - Styles de paragraphe** ou F11

▷ Dans le menu des options du panneau choisissez **Nouveau style de caractère** ou **Nouveau style de paragraphe**.

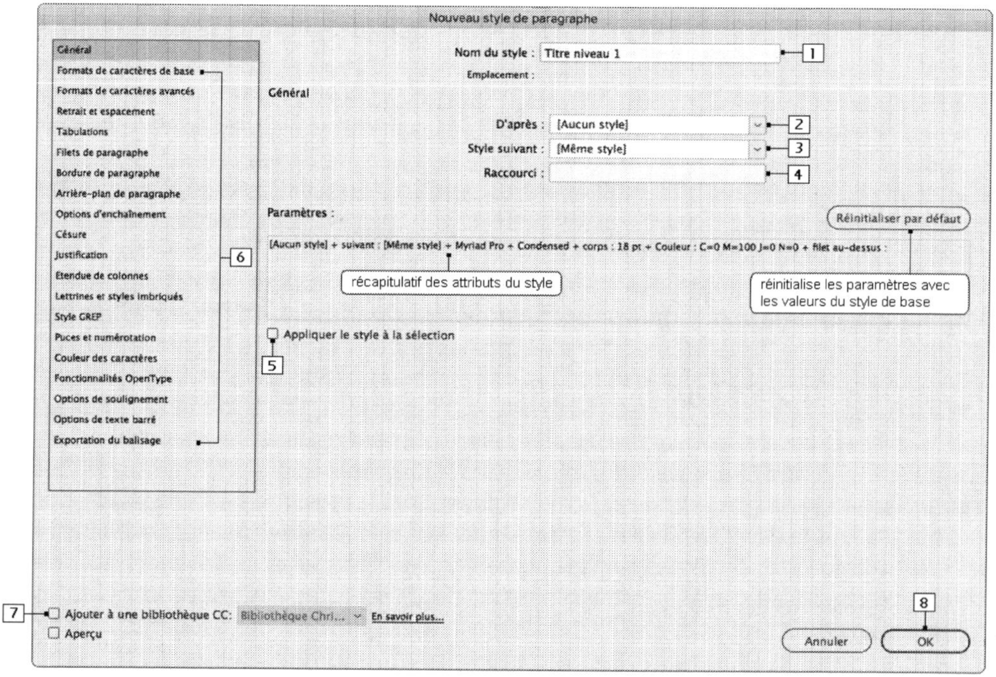

1 Saisissez le nom du nouveau style.

2 Si vous souhaitez créer un style basé sur un style existant, sélectionnez-le dans cette liste. Si vous modifiez par la suite le style de base, tous les styles basés sur celui-ci seront mis à jour.

3 Dans le cas d'un style de paragraphe, vous pouvez définir le style qui sera appliqué automatiquement au paragraphe suivant en cours de saisie.

4 Attribuez si besoin un raccourci-clavier qui permettra l'application du style.

5 Si le nouveau style doit être appliqué au texte sélectionné, cochez cette option.

6 Définissez les attributs de caractère ou de paragraphe dans les différentes catégories.

7 Vous pouvez enregistrer le style dans votre bibliothèque CC.

8 Validez.

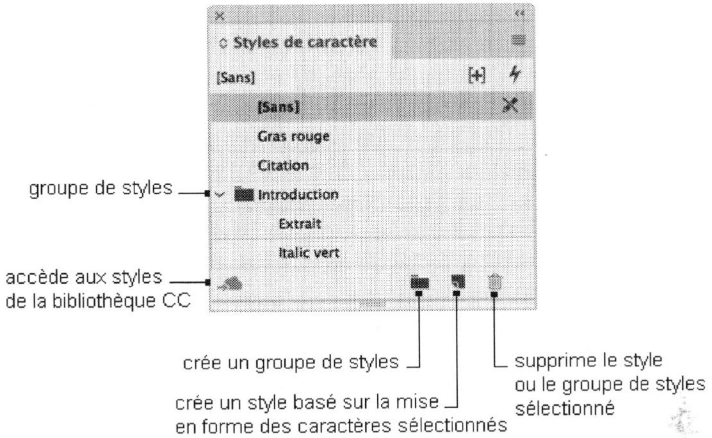

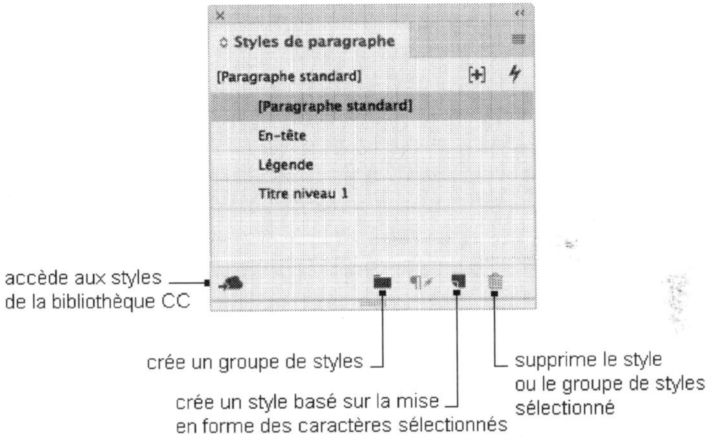

⇨ *Les menus des options des panneaux **Styles de caractère** et **Styles de paragraphe** permettent notamment de dupliquer un style, de supprimer un style et de charger les styles d'un autre document. Ils permettent également de créer un groupe de styles, d'ouvrir et de fermer tous les groupes de styles ou encore de copier un style d'un groupe vers un autre groupe.*

⇨ *Vous pouvez créer des styles alors qu'aucun document n'est ouvert afin d'en disposer comme styles par défaut.*

⇨ *Selon les options d'importation, lorsque vous importez du texte d'un document Microsoft Word, les styles de paragraphes et de caractères contenus dans ce document peuvent être importés dans le panneau **Styles de caractère** ou **Styles de paragraphe** ; une disquette est visible à droite des styles importés.*

TEXTE ET BLOCS

B- Appliquer un style

▷ Sélectionnez le texte ou cliquez dans un paragraphe.

▷ Utilisez une des méthodes suivantes :

- Utilisez le raccourci-clavier si vous en avez défini un pour le style.
- Dans le panneau **Styles de caractère** ou **Styles de paragraphe**, cliquez sur le style à appliquer.
- Utilisez le panneau **Contrôle** : activez le mode **Commandes de mise en forme des caractères** [A] ou **des paragraphes** [¶] et choisissez le style à appliquer à la sélection de texte dans le menu déroulant [A. Citation] ou [¶. En-tête].

⇨ *Si votre document contient de nombreux styles de caractère ou de paragraphe, l'**Application rapide** facilite la recherche d'un style : cliquez sur le bouton [ϟ] du panneau **Contrôle** ; dans la zone de saisie du panneau qui s'affiche, saisissez les premiers caractères du style cherché pour lister uniquement les styles dont le nom commence par ces caractères ; cliquez ensuite sur le style à appliquer.*

⇨ *Pour appliquer le style par défaut au paragraphe sélectionné, cliquez sur le style **[Paragraphe standard]** dans le panneau des styles.*

C- Retrouver le style original

Si vous appliquez une mise en forme locale sur un texte qui utilise un style, vous pouvez si besoin retrouver facilement le style d'origine.

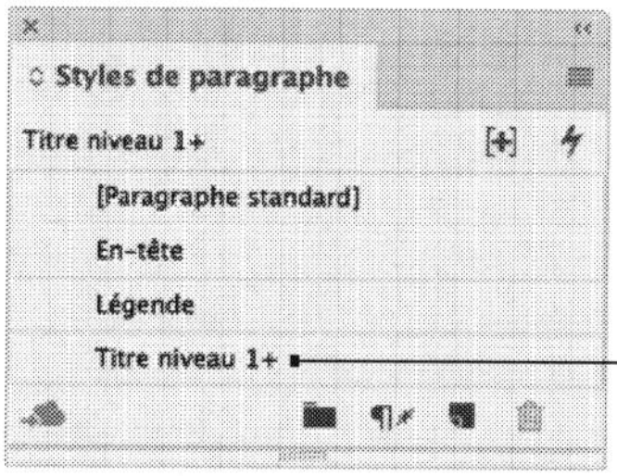

ce symbole indique qu'une mise en forme locale est appliquée au texte sélectionné

▷ Sélectionnez les caractères ou le paragraphe.

▷ Pour retrouver le style de caractère original, sans les modifications locales, maintenez la touche [alt] (Mac) ou [Alt] (PC) et cliquez sur le nom du style dans le panneau **Styles de caractère**.

▷ Pour retrouver le style de paragraphe original, dans le panneau **Contrôle** ou **Styles de paragraphe**, cliquez sur le bouton [¶*].

▷ Dans le cas où vous avez à la fois une modification locale des caractères et des paragraphes, vous pouvez :

- Annuler les mises en forme locales uniquement pour les caractères et conserver celles du paragraphe : maintenez les touches [cmd ⌘] (Mac) ou [Ctrl] (PC) et cliquez sur le bouton [¶*].

- Annuler les mises en forme locales du paragraphe et conserver celles des caractères, maintenez les touches [cmd ⌘] (Mac) ou [Ctrl] (PC) et [⇧] et cliquez sur le bouton [¶*].

D- Supprimer la liaison avec un style

Styles de caractère

▷ Sélectionnez les caractères concernés.

▷ Pour supprimer la liaison avec le style tout en conservant la mise en forme du style, dans le menu du panneau **Styles de caractère**, choisissez **Annuler le lien au style**.

▷ Pour supprimer la liaison avec le style et retrouver la mise en forme de base, cliquez sur **[Sans]** dans le panneau **Styles de caractère**.

Styles de paragraphe

▷ Sélectionnez le paragraphe concerné.

▷ Pour supprimer la liaison avec le style tout en conservant la mise en forme du style, dans le menu des options du panneau **Styles de paragraphe**, choisissez **Annuler le lien au style**.

*Le paragraphe ainsi modifié adopte le style **(Aucun style)**.*

▷ Pour supprimer la liaison avec le style et retrouver la mise en forme de base des paragraphes, dans le panneau **Styles de paragraphe**, cliquez sur **[Paragraphe standard]**.

E- Créer des styles imbriqués

Les styles imbriqués simples

Vous pouvez avoir besoin de créer par exemple des listes structurées comportant une première partie de texte avec une mise en forme particulière, puis un séparateur de type ":" puis du texte avec une autre mise en forme :

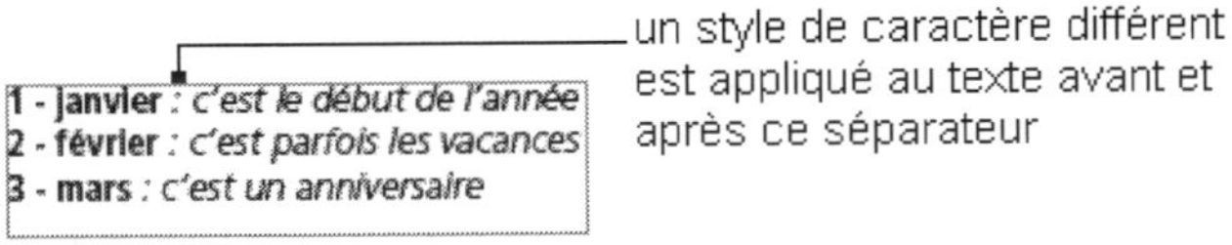

▷ Créez autant de styles de caractère qu'il y a de mises en forme différentes dans la structure.

▷ Créez un nouveau style de paragraphe. Nommez-le et choisissez la catégorie **Lettrines et styles imbriqués** :

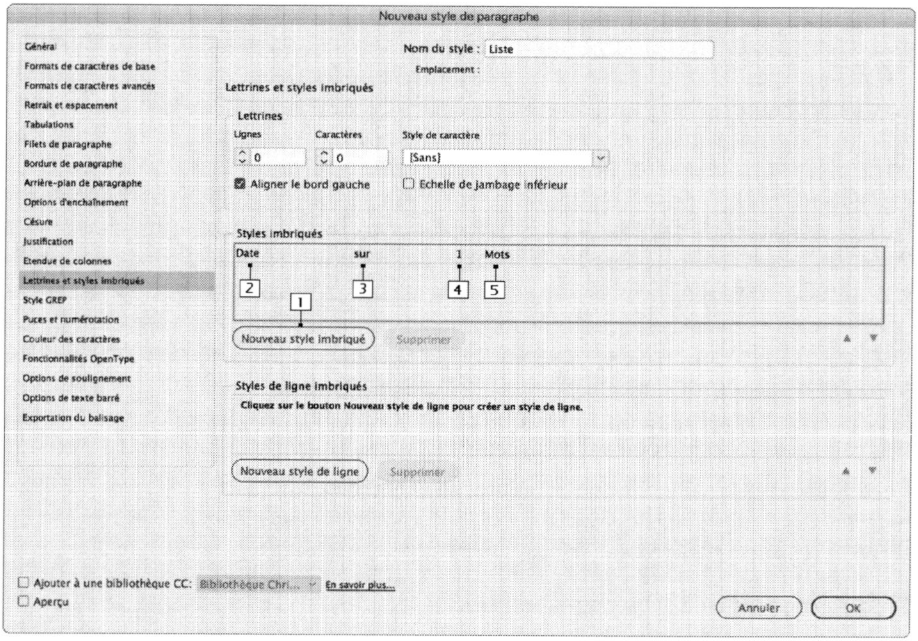

1 Cliquez sur ce bouton.

2 Sélectionnez le style de caractère qui compose la première partie de la mise en forme.

3 Sélectionnez le type d'application : **sur** ou **jusqu'à**.

4 Modifiez si besoin le nombre de séparateurs requis.

5 Sélectionnez l'élément séparateur (phrases, mots, lettres, caractères, chiffres...) ou saisissez les caractères qui serviront de séparateur.

▷ Réalisez de nouveau ces manipulations pour définir le second style correspondant à la seconde partie de la mise en forme.

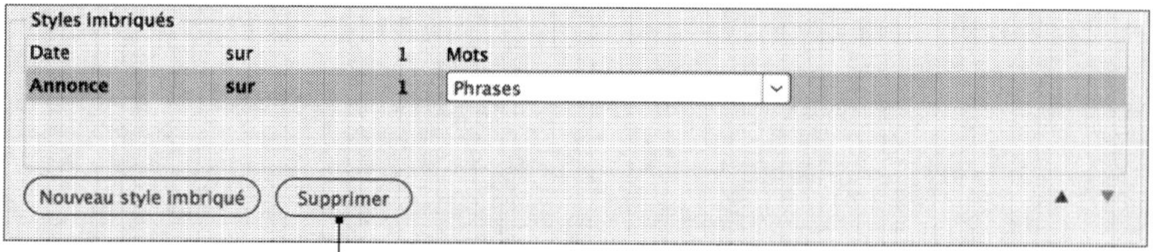

permet de supprimer le style imbriqué sélectionné

▷ Cliquez sur **OK** pour créer le style.

▷ Appliquez ensuite le style créé aux paragraphes concernés.

Les listes à niveaux multiples dans le même bloc

Il s'agit ici de créer des listes à niveaux multiples en respectant la numérotation :

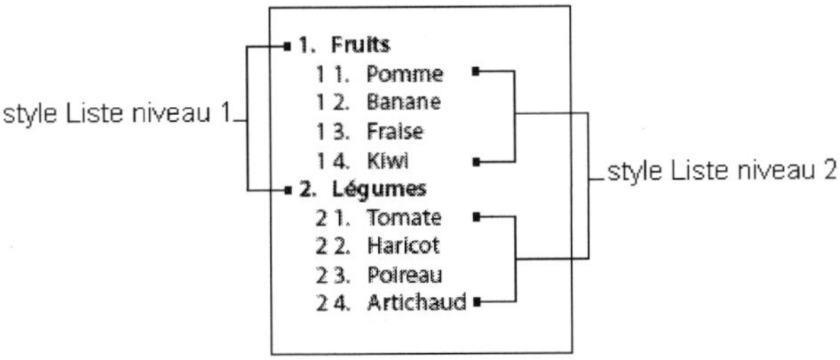

▷ Créez un premier style de paragraphe qui sera appliqué aux listes numérotées de premier niveau :

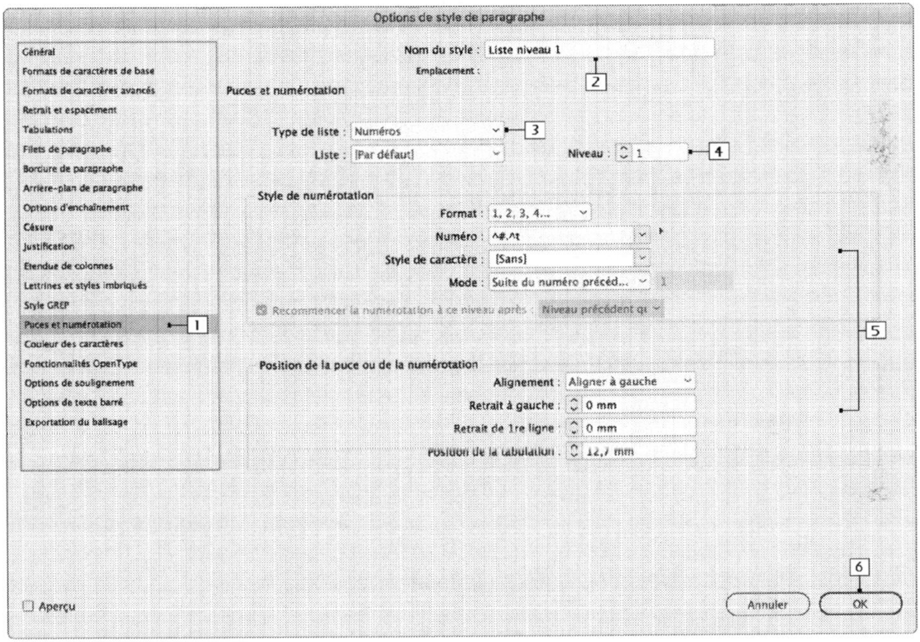

1 Cliquez sur cette rubrique.

2 Donnez un nom au style.

3 Choisissez **Numéros** comme type de liste.

4 Veillez à ce que le **Niveau 1** soit bien sélectionné.

5 Modifiez éventuellement le style et la position des numéros.

6 Créez le style.

▷ Créez un second style de paragraphe qui sera appliqué aux listes numérotées de deuxième niveau :

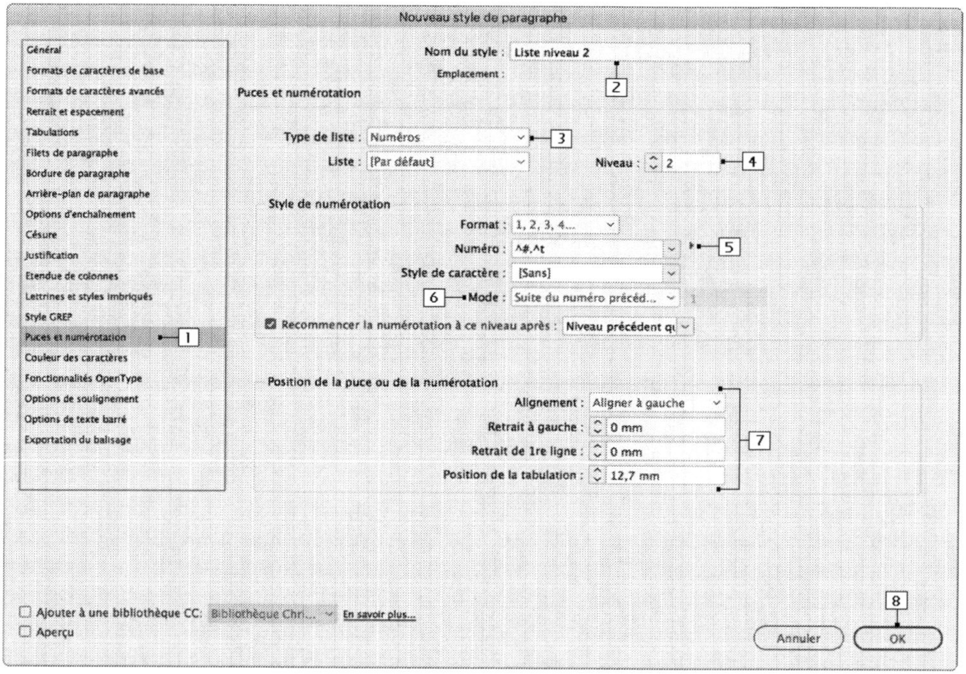

1 Cliquez sur cette rubrique.

2 Donnez un nom au style.

3 Choisissez **Numéros** comme type de liste.

4 Sélectionnez le **Niveau 2**.

5 Ajoutez le niveau précédent au début de la zone : cliquez au début de ce champ, ouvrez la liste en cliquant sur le triangle, pointez l'option **Insérer une balise d'emplacement de numéro** puis cliquez sur **Niveau 1**.

6 Veillez à ce que l'option **Suite du numéro précédent** soit sélectionnée.

7 Modifiez éventuellement la position des numéros.

8 Créez le style.

▷ Appliquez ensuite les styles créés aux paragraphes concernés.

3.8 Blocs ancrés

Les blocs ancrés permettent de lier des blocs de texte ou d'image à un texte, de les positionner de manière précise et de faire en sorte que le bloc ancré se déplace avec le texte auquel il est lié. Ils peuvent être utilisés pour associer des légendes, des commentaires, des illustrations à du texte courant.

A- Créer un bloc ancré

Première méthode

▷ Créez le bloc de texte et le bloc contenant l'objet à ancrer.

▷ Sélectionnez le bloc à ancrer.

▷ **Edition - Couper**

▷ Dans le bloc de texte, cliquez à l'endroit où il doit être ancré puis **Edition - Coller**.

Par défaut, le bloc est ancré sur la ligne de base de la ligne où clignote le point d'insertion.

Deuxième méthode

▷ Cliquez sur le bloc à ancrer.

▷ Pointez le carré bleu situé sur le bord supérieur puis faites-le glisser dans le bloc de texte à l'endroit où le bloc doit être ancré.

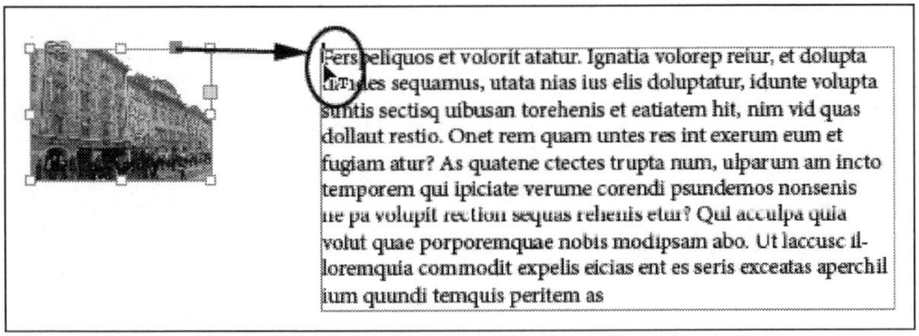

B- Positionner un bloc ancré

▷ Sélectionnez le bloc ancré.

▷ **Objet - Objet ancré - Options**

TEXTE ET BLOCS

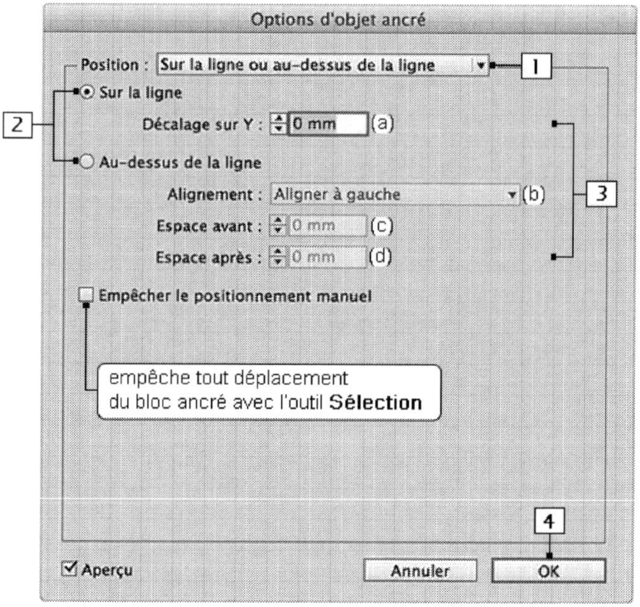

[1] Sélectionnez l'option **Sur la ligne ou au-dessus de la ligne**.

[2] Indiquez comment doit s'effectuer le placement par rapport à la ligne.

[3] Pour un placement sur la ligne, précisez le décalage vertical (a). Pour un placement au dessus de la ligne, précisez l'alignement horizontal (b) et l'espacement vertical avant (c) et après (d) le bloc ancré.

[4] Validez.

⇨ *L'option **Personnalisée** de la liste **Position** offre des paramètres avancés qui permettent un positionnement horizontal et vertical très précis du bloc par rapport au bloc de texte, à la marge ou au bord de la page, au bord de colonne, aux lignes...*

3.9 Tableaux

A- Créer un tableau

▷ Sélectionnez l'outil **Texte**  et tracez le bloc de texte qui contiendra le tableau.

▷ **Tableau - Insérer un tableau** ou [cmd ⌘] [alt ⌥] [⇧] **T** (Mac) ou [Ctrl] [Alt] [⇧] **T** (PC)

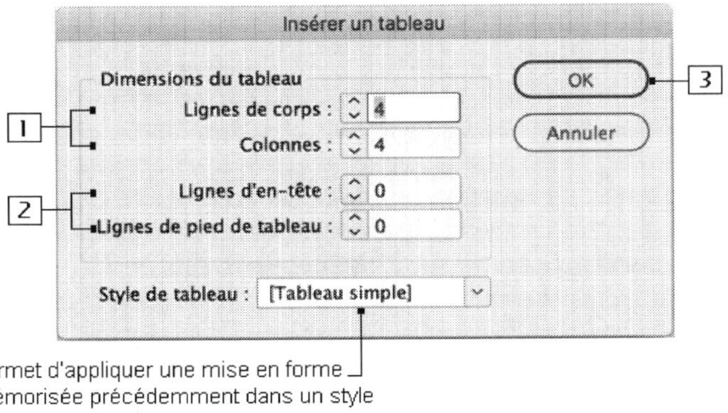

1 Indiquez combien de lignes et de colonnes vous souhaitez pour votre tableau.

2 Dans le cas où le tableau s'étend sur plusieurs colonnes, blocs ou pages, indiquez le nombre de lignes d'en-tête et de pied de tableau qui seront répétées en haut et au bas de chaque colonne, bloc ou page.

3 Insérez le tableau dans le bloc de texte.

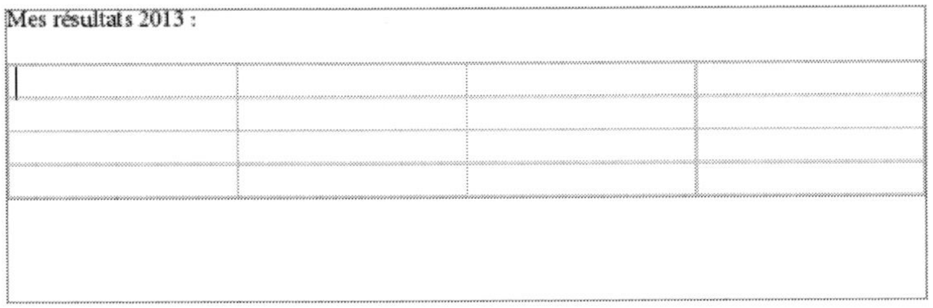

▷ Redimensionnez si besoin le bloc de texte contenant le tableau.

⇨ *Vous pouvez convertir un texte en tableau si celui-ci est bien structuré : sélectionnez le texte concerné puis faites* ***Tableau - Convertir le texte en tableau*** *; choisissez le* ***Séparateur de colonnes*** *et* ***de lignes*** *puis cliquez sur le bouton* ***OK****. À l'inverse, la commande* ***Tableau*** *-* ***Convertir le tableau en texte*** *permet de convertir le tableau sélectionné en texte.*

⇨ *Il est possible d'imbriquer un tableau dans un autre. Pour cela, il suffit d'insérer un tableau dans une cellule d'un tableau existant.*

⇨ *Pour modifier la largeur et la hauteur du tableau, assurez-vous que l'outil* T *soit actif puis placez le pointeur dans l'angle inférieur droit du tableau : il se transforme en une double flèche. Effectuez un cliqué-glissé ; maintenez la touche* ⇧ *enfoncée pour un redimensionnement proportionnel.*

⇨ *La zone* ***Espacement du tableau*** *de la boîte de dialogue* ***Options de tableau*** *(****Tableau - Options de tableau - Format de tableau****) permet d'indiquer l'espace avant le tableau et après le tableau.*

⇨ *Pour transformer des lignes "standard" en en-tête ou pied de page de tableau, sélectionnez la ou les lignes en début ou en fin de tableau puis **Tableau - Convertir les lignes - En ligne d'en-tête** ou **En ligne de pied de tableau**. Inversement, pour transformer les lignes d'en-tête ou de pied de tableau en lignes "standard", placez le point d'insertion dans la ligne concernée puis **Tableau - Convertir les lignes - En ligne de corps**.*

⇨ *Pour paramétrer les lignes d'en-tête ou de pied de tableau, cliquez dans une ligne concernée puis faites **Tableau - Options de tableau - En-têtes et pieds de tableau**.*

B- Importer un tableau au format Microsoft Excel

▷ Placez le point d'insertion dans le bloc de texte.

▷ **Fichier - Importer** ou cmd ⌘ **D** (Mac), Ctrl **D** (PC)

▷ Sélectionnez le fichier source.

▷ Si besoin, cochez l'option **Afficher les options d'importation** puis cliquez sur le bouton **Ouvrir**.

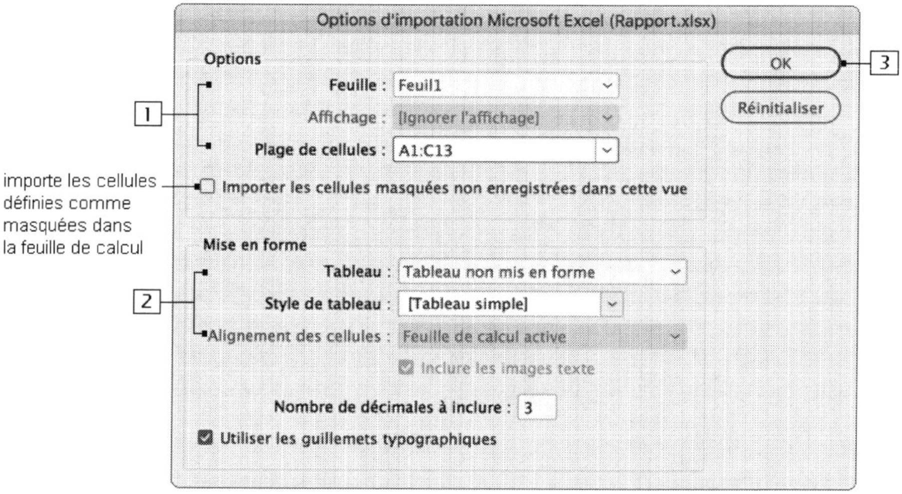

1 Définissez les éléments à importer.

2 Indiquez si le tableau doit être importé avec sa mise en forme et, dans ce cas, spécifiez le type d'alignement du contenu des cellules.

3 Validez.

C- Sélectionner dans un tableau

À l'aide du menu

▷ Placez le point d'insertion dans une cellule de la ligne ou de la colonne à sélectionner ou dans la cellule à sélectionner.

▷ **Tableau - Sélectionner - Cellule**, **Ligne**, **Colonne** ou **Tableau**

À l'aide de la souris

▷ Pour sélectionner des cellules, effectuez un cliqué-glissé sur toutes les cellules à sélectionner.

▷ Pour sélectionner une cellule quand le point d'insertion clignote dans cette cellule, utilisez le raccourci-clavier ⇧ et une des touches fléchées. Continuez à appuyer sur une des touches fléchées (avec la touche ⇧ toujours enfoncée) pour sélectionner les cellules adjacentes.

▷ Pour sélectionner une ligne ou une colonne, placez le pointeur à gauche d'une ligne ou en haut d'une colonne : il se transforme alors en une flèche. Cliquez. Pour sélectionner plusieurs lignes ou colonnes, faites un cliqué-glissé avec ce même pointeur.

▷ Pour sélectionner le tableau, placez le pointeur dans l'angle en haut à gauche du tableau : il se transforme alors en une flèche oblique. Cliquez.

⇨ *Si la taille du tableau est importante, la commande **Tableau** - **Atteindre la ligne** permet d'atteindre une ligne par son numéro.*

D- Insérer des lignes/colonnes

À l'aide du menu

▷ Placez le point d'insertion dans une cellule.

▷ **Tableau - Insérer - Ligne** ou **Colonne**

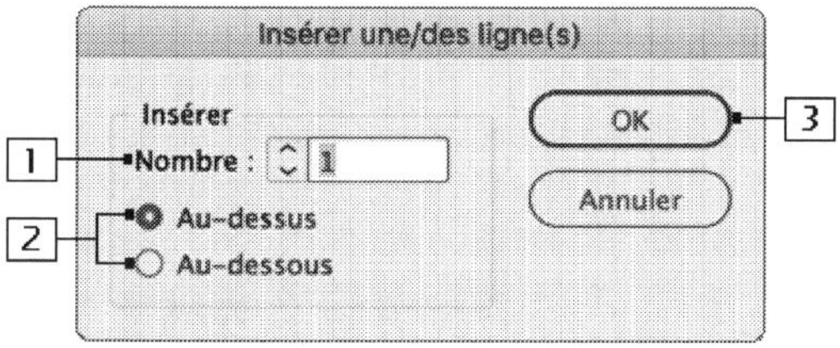

[1] Indiquez le nombre de lignes ou de colonnes à insérer.

[2] Indiquez où les lignes/colonnes doivent être insérées.

[3] Validez.

À l'aide de la souris

▷ Pointez la bordure inférieure de la dernière ligne ou la bordure droite de la dernière colonne, cliquez puis, tout en maintenant la touche (Mac) ou Alt (PC) enfoncée, réalisez un cliqué-glissé vers le bas (ajout de lignes) ou vers la droite (ajout de colonnes).

⇨ *Cette méthode permet également de supprimer des lignes ou des colonnes si vous réalisez un cliqué-glissé vers le haut ou vers la gauche.*

⇨ *Pour insérer une ligne à la fin du tableau, cliquez dans la dernière cellule de celui-ci puis appuyez sur la touche (Mac) ou (PC).*

E- Supprimer des lignes ou des colonnes

▷ Placez le point d'insertion dans une cellule de la ligne ou de la colonne à supprimer ; si plusieurs lignes ou colonnes doivent être supprimées, sélectionnez-les.

▷ **Tableau - Supprimer - Ligne** ou **Colonne**

⇨ *Vous pouvez insérer ou supprimer des lignes et/ou des colonnes en fin de tableau en modifiant les options du tableau (**Tableau - Options de tableau - Format de tableau -** champs **Lignes de corps** et **Colonnes**) ou dans le panneau **Tableau** (**Fenêtre - Texte et tableaux - Tableau**, champs **Nombre de lignes** et **Nombre de colonnes**).*

F- Modifier la largeur des colonnes/hauteur des lignes

À l'aide du menu

▷ Placez le point d'insertion dans une cellule de la colonne ou de la ligne à modifier ; si plusieurs lignes ou colonnes sont concernées par la même hauteur/largeur, sélectionnez-les.

▷ **Tableau - Options de cellule - Lignes et colonnes**

▷ Utilisez le champ **Largeur de la colonne** et/ou **Hauteur de la ligne** puis validez.

*Vous pouvez définir une hauteur de ligne **Egale** ou **Supérieure ou égale** à une valeur donnée.*

À l'aide de la souris

▷ Pointez la bordure droite de la colonne concernée ou la bordure située sous la ligne concernée.

Le pointeur se transforme en double flèche.

▷ Faites un cliqué-glissé ; pour ne pas modifier la largeur/hauteur du tableau, maintenez la touche ⇧ enfoncée pendant le cliqué-glissé.

⇨ *Vous pouvez aussi utiliser les champs **Largeur de la colonne** et **Hauteur de la ligne** du panneau **Tableau** ou **Contrôle** :*

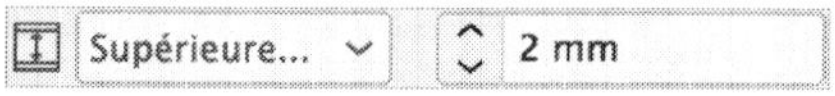

G- Définir les options d'enchaînement des lignes

Vous pouvez gérer comment les lignes vont s'enchaîner lors des sauts de colonnes et de pages.

▷ Cliquez dans une cellule de la ligne concernée.

▷ **Tableau - Options de cellule - Lignes et colonnes**

▷ Dans la zone **Options d'enchaînement**, utilisez la liste **Début de la ligne** pour indiquer où doit apparaître la ligne sélectionnée : **N'importe où** (option par défaut), **Colonne de texte suivante**, **Bloc suivant**, **Page suivante**, **Page paire suivante** ou **Page impaire suivante**.

▷ Cochez l'option **Lignes solidaires** pour éviter que les lignes sélectionnées ne soient séparées en fin de tableau.

H- Fusionner/fractionner des cellules

▷ Pour fusionner des cellules, sélectionnez au moins deux cellules.

Tableau - Fusionner les cellules ou cliquez sur le bouton du panneau **Contrôle**.

▷ Pour retrouver le nombre original de cellules lorsque vous avez fusionné des cellules, cliquez sur le bouton du panneau **Contrôle**.

▷ Pour fractionner une cellule en deux cellules, sélectionnez la cellule concernée ; si plusieurs cellules doivent être fractionnées en deux, sélectionnez-les.

Dans le menu **Tableau**, choisissez **Scinder la cellule dans le sens vertical** ou **Scinder la cellule dans le sens horizontal** selon le cas.

I- Mettre en forme le texte d'un tableau

À l'aide du menu

▷ Sélectionnez la ou les cellules concernées.

▷ **Tableau - Options de cellule - Texte** ou alt cmd ⌘ **B** (Mac), Alt Ctrl **B** (PC)

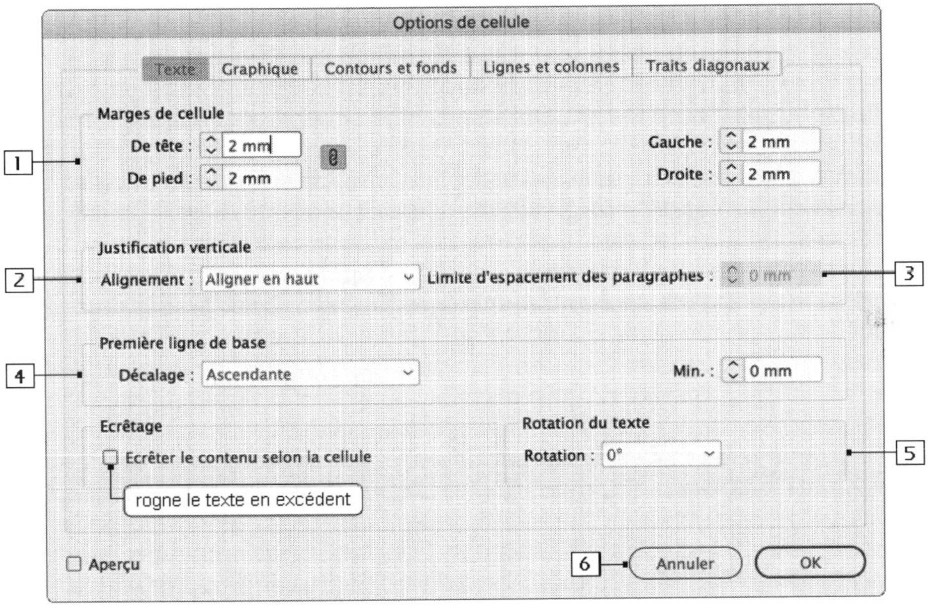

1 Indiquez l'espacement entre les bordures de la cellule et son contenu.

2 Choisissez une option d'alignement vertical.

3 Dans le cas d'un alignement justifié, vous pouvez spécifier l'espace maximal entre les paragraphes.

4 Indiquez la position de la première ligne de base dans la cellule (cf. 3.2 - G - Régler la première ligne de base).

5 Pour appliquer une rotation au texte, choisissez l'angle voulu : **90°**, **180°** ou **270°**.

6 Validez.

À l'aide du panneau Tableau

▷ Utilisez les boutons du panneau **Tableau** :

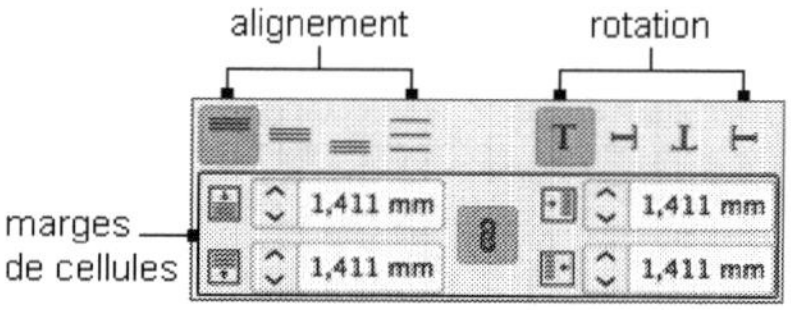

J- Appliquer des traits diagonaux

Pour une présentation optimale d'un tableau à double entrée, vous pouvez appliquer des traits en diagonale dans les cellules.

	Janvier	Février	Mars
2017	123	156	148
2018	125	165	164
2019	134	174	189

▷ Cliquez dans la cellule concernée.

▷ **Tableau - Options de cellule - Traits diagonaux**

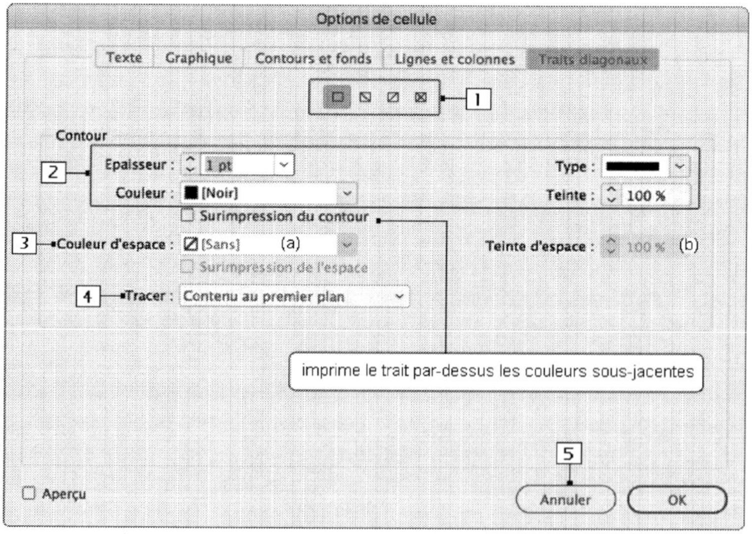

1 Choisissez l'orientation du trait.

2 Définissez le style du trait.

3 Si votre trait comporte des espaces (pointillés, tirets...), vous pouvez choisir une couleur (a) et une teinte (b) d'espace.

4 Indiquez quel élément sera dessiné au premier plan : le contenu de la cellule ou le trait.

5 Validez.

K- Modifier la bordure extérieure d'un tableau

▷ Cliquez dans une cellule ou sélectionnez votre tableau.

▷ **Tableau - Options de tableau - Format de tableau** ou [cmd ⌘] [alt] [⇧] **B** (Mac) ou [Ctrl] [Alt] [⇧] **B** (PC)

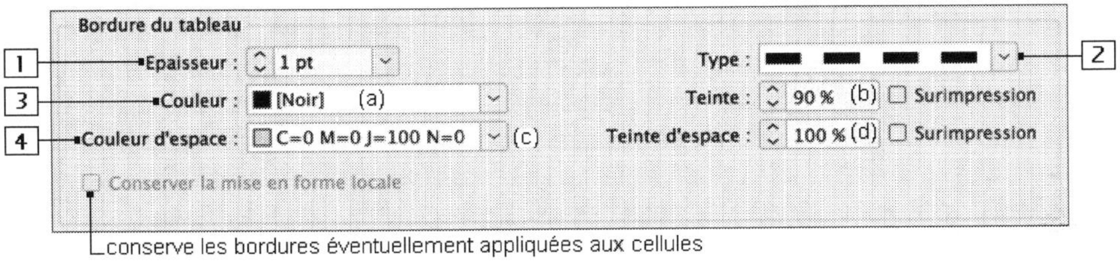

1 Choisissez l'épaisseur de la bordure.

2 Choisissez un type de bordure : traits pleins, pointillés, hachures, bandes...

3 Choisissez la couleur du trait plein de la bordure (a) puis une teinte (b) pour la couleur précédemment choisie.

4 Si le type de contour comporte des espaces (tirets, pointillés...), vous pouvez spécifier une couleur (c) et une teinte d'espace (d).

▷ Cliquez sur **OK**.

L- Modifier les bordures/le fond des cellules

Après avoir appliqué une bordure extérieure au tableau, vous pouvez appliquer des bordures et/ou une couleur de fond à une, plusieurs ou toutes les cellules du tableau.

À l'aide du menu

▷ Sélectionnez les cellules concernées.

▷ **Tableau - Options de cellule - Contours et fonds**

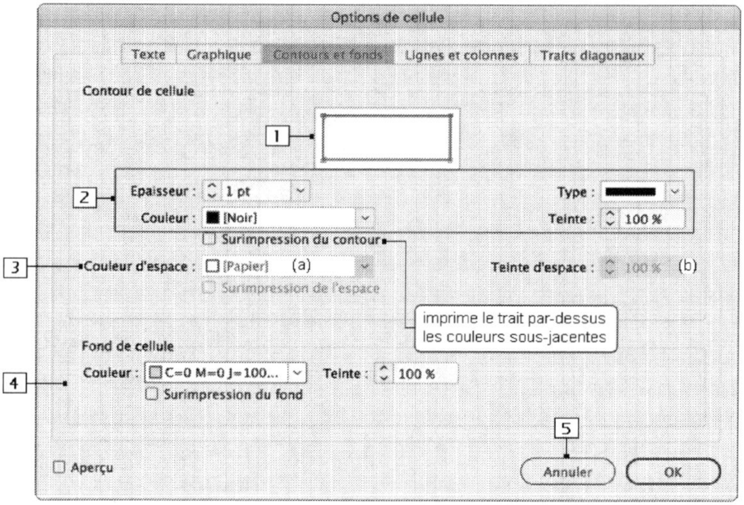

[1] Indiquez où vous souhaitez appliquer une bordure. Par défaut, les bordures s'appliquent sur tous les côtés, les contours des cellules sont bleus. Pour ne pas appliquer une bordure sur un côté, cliquez sur ce côté : le trait apparaît gris. Pour appliquer une bordure à un côté sans bordure, cliquez dessus : le trait bleu apparaît.

[2] Choisissez le style de la bordure.

[3] Si le type de contour comporte des espaces (tirets, pointillés...), vous pouvez spécifier une couleur (a) et une teinte (b) d'espace.

[4] Choisissez une couleur et une teinte pour le fond des cellules.

[5] Validez.

À l'aide du panneau Contrôle

▷ Sélectionnez les cellules concernées puis utilisez le panneau **Contrôle** :

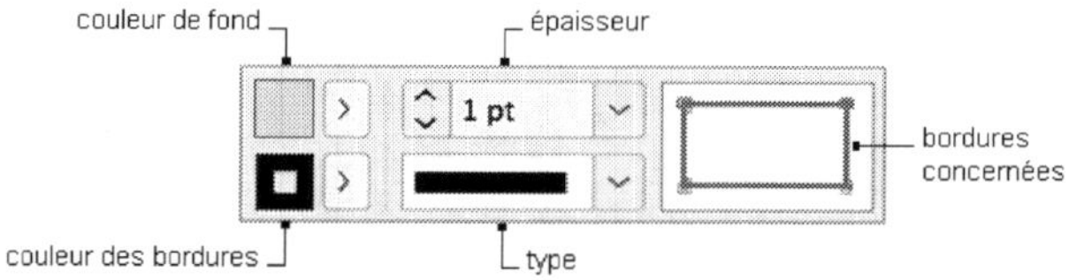

M-Créer des bordures de ligne/colonne en alternance

Vous pouvez appliquer une mise en forme sur les lignes ou les colonnes, en alternance. Une ou des lignes (colonnes) consécutives auront une mise en forme spécifique, les autres auront une autre mise en forme.

▷ Sélectionnez le tableau en entier.

▷ Pour définir les contours alternés, **Tableau - Options de tableau - Contours de ligne en alternance** ou **Contours de colonne en alternance**.

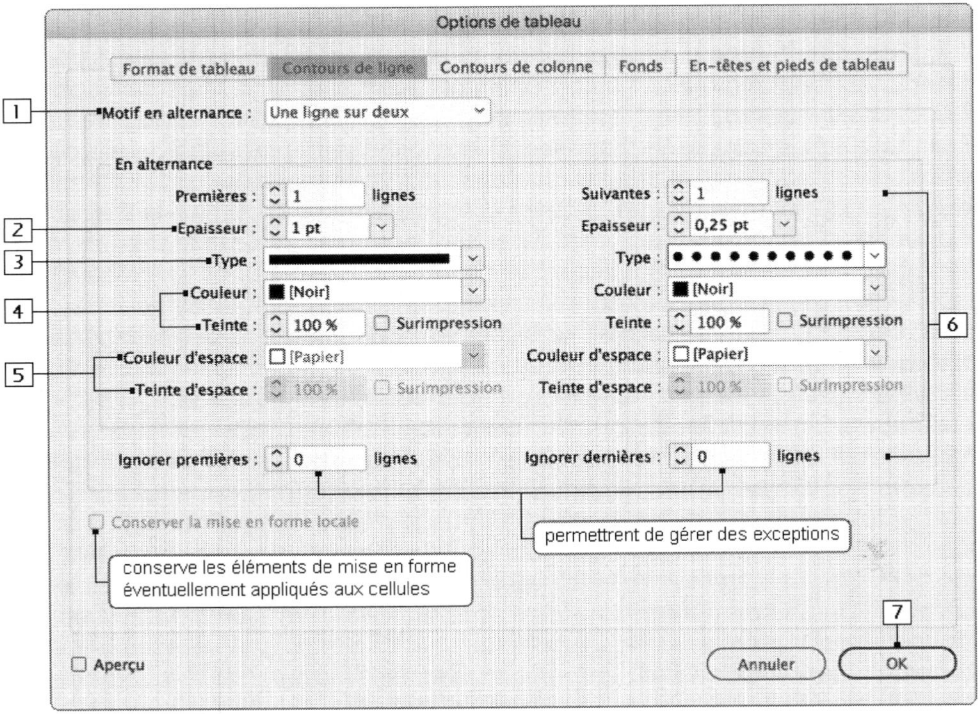

1 Choisissez une option prédéfinie : **Une ligne** (**colonne**) **sur deux**, **Toutes les deux lignes** (**colonnes**) ou **Toutes les trois lignes** (**colonnes**). L'option **Ligne** (**colonne**) **personnalisée** vous permet de décider vous-même de l'alternance grâce aux deux zones **Premières** et **Suivantes**.

2 Choisissez l'épaisseur de la bordure des premières lignes (colonnes).

3 Choisissez un type de bordure : traits pleins, pointillés, hachures, bandes...

4 Choisissez la couleur du trait plein de la bordure puis une teinte pour la couleur précédemment choisie.

5 Si le type de contour comporte des espaces (tirets, pointillés...), vous pouvez spécifier une couleur et une teinte d'espace.

6 Définissez les paramètres à appliquer aux lignes (colonnes) suivantes.

7 Validez.

⇨ *Pour appliquer des fonds colorés alternés sur les lignes ou sur les colonnes, utilisez **Tableau - Options de tableau - Fonds en alternance**. Les différentes options s'utilisent de la même manière que pour les contours de lignes ou de colonnes en alternance.*

TEXTE ET BLOCS

N- Créer des styles de tableaux ou de cellules

Comme pour les caractères et les paragraphes, vous pouvez mémoriser des mises en forme de cellules de tableau (styles de cellule) ainsi que des mises en forme complètes de tableau (styles de tableau).

▷ Si le style à créer doit, entre autres, reprendre les attributs d'une cellule ou d'un tableau existant, cliquez dans la cellule (style de cellule) ou dans le tableau (style de tableau) concerné, sinon cliquez en dehors d'un tableau.

▷ **Fenêtre - Styles - Styles de cellule** ou **Styles de tableau**

▷ Dans le menu des options du panneau, choisissez **Nouveau style de cellule** ou **Nouveau style de tableau**.

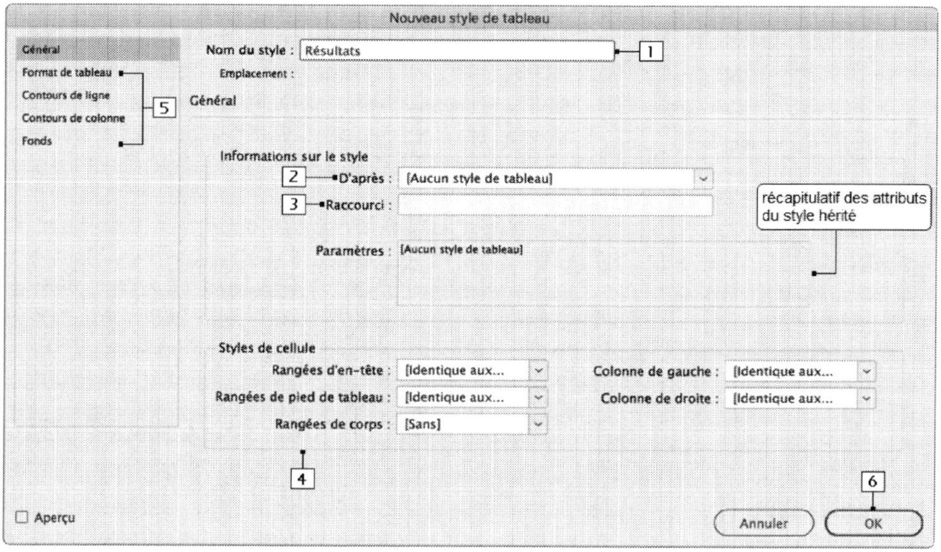

1 Saisissez le nom du nouveau style.

2 Pour créer un style basé sur un style existant, sélectionnez-le dans cette liste. Si vous modifiez par la suite le style de base, tous les styles basés sur celui-ci seront mis à jour.

3 Attribuez éventuellement un raccourci-clavier qui permettra l'application du style.

4 Dans le cas d'un style de tableau, indiquez les attributs de mise en forme des styles de cellules ; dans le cas d'un style de cellule, appliquez éventuellement un **Style de paragraphe** au texte qui sera dans cette cellule.

5 Spécifiez les attributs à ajouter au style de cellule ou au style de tableau.

6 Créez le style.

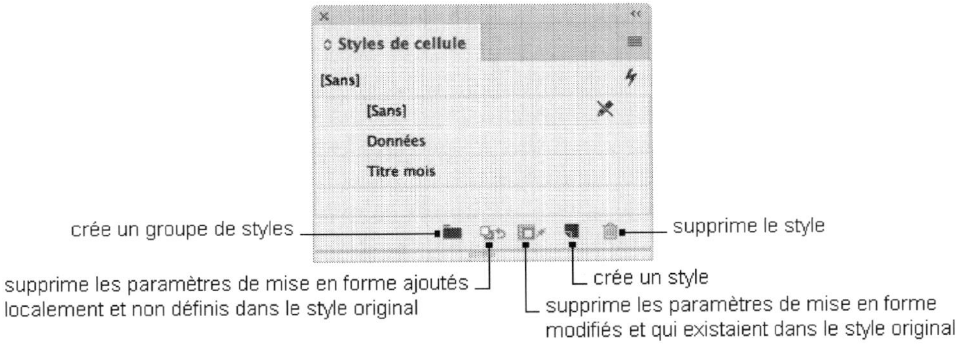

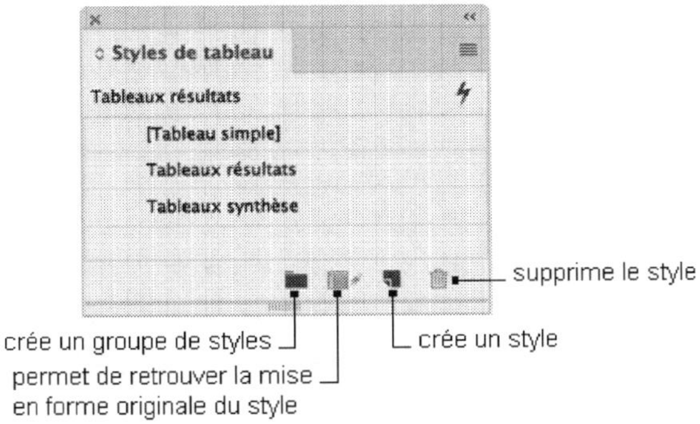

⇨ *Toutes les fonctionnalités essentielles de la gestion des styles de cellule et de tableau (duplication, suppression, chargement...) sont identiques à celles des styles de caractère et de paragraphe aussi, si besoin, reportez-vous aux titres correspondants du chapitre 3.7 - Styles.*

4.1 Images

A- Importer une image

InDesign reconnaît les formats .eps, .tif, .gif, .jpg, .png, .bmp, .dcs, .pict, .wmf, .emf, .pcx et .sct. mais surtout, il permet d'importer en format natif des images Adobe Photoshop (.psd), des illustrations Adobe Illustrator (.ai) et Adobe Acrobat (.pdf). Il permet aussi d'importer un document InDesign sous la forme d'un bloc image. Une image importée n'est pas incluse dans le document. InDesign crée un lien, un chemin d'accès vers le fichier. Cela permet d'alléger la taille du fichier et d'insérer plusieurs fois la même image dans la composition, sans pour autant augmenter la taille du fichier InDesign.

▷ **Fichier - Importer** ou cmd ⌘ **D** (Mac), Ctrl **D** (PC)

▷ Sélectionnez le fichier image à importer ; si plusieurs images doivent être importées, sélectionnez les fichiers correspondants.

▷ Pour paramétrer les options d'importation, cochez l'option **Afficher les options d'importation**.

▷ Cliquez sur le bouton **Ouvrir**.

▷ Si vous avez coché l'option **Afficher les options d'importation**, paramétrez ces options dans la boîte de dialogue qui s'affiche alors (cf. titre suivant) et validez.

Le pointeur se transforme alors en et l'image importée est visible sous forme de vignette.

▷ Cliquez à l'endroit où doit apparaître l'image ; si plusieurs fichiers images ont été sélectionnés, cliquez successivement dans le document aux endroits où doivent être insérées les différentes images.

InDesign crée automatiquement un bloc à la taille de l'image importée.

⇨ *Vous pouvez aussi créer un bloc avec l'outil puis importer l'image dans ce bloc.*

⇨ *Si plusieurs images doivent être importées, vous pouvez les placer dans une grille : après avoir sélectionné les images dans la boîte de dialogue **Importer**, maintenez les touches cmd ⌘ ⇧ (Mac) ou Ctrl ⇧ (PC) enfoncées puis effectuez un cliqué-glissé pour tracer la taille de la grille. Gardez le bouton de la souris enfoncé, lâchez les touches cmd ⌘ ⇧ (Mac) ou Ctrl ⇧ (PC) puis utilisez ensuite les flèches de direction pour augmenter/diminuer le nombre de lignes et de colonnes de la grille.*

⇨ *Vous pouvez copier l'image depuis son application source puis la coller dans la composition InDesign. Dans ce cas, il n'y a pas de liaison entre le fichier source et le document InDesign.*

⇨ *Vous pouvez également glisser-déposer le fichier source vers une page ouverte d'InDesign depuis le Finder (Mac) ou l'Explorateur Windows (PC).*

⇨ *Le panneau **Liens** permet de gérer la liaison avec le fichier source de la même façon que pour les fichiers texte (cf. 3.2 - C - Gérer les liens aux fichiers importés), à l'exception de la commande du menu des options permettant de rompre le lien, qui est remplacée par l'option **Incorporer un lien**.*

⇨ *L'original d'une image importée peut être modifié à partir d'InDesign à l'aide de la commande **Edition - Modifier l'original** si l'image a été créée dans Adobe Photoshop ou Adobe Illustrator ; si l'image a été créée dans une autre application, utilisez la commande **Edition - Modifier avec** puis cliquez sur l'application à activer.*

B- Définir les options d'importation

▷ Dans la boîte de dialogue **Importer**, cochez l'option **Afficher les options d'importation**.

Le format Photoshop

Vous pouvez importer des images Photoshop (ou Acrobat) en conservant les calques. Les tracés et les couches alpha sont conservés et peuvent être utilisés pour créer des habillages. Les couleurs en ton direct créées dans Photoshop sont insérées dans le nuancier d'InDesign.

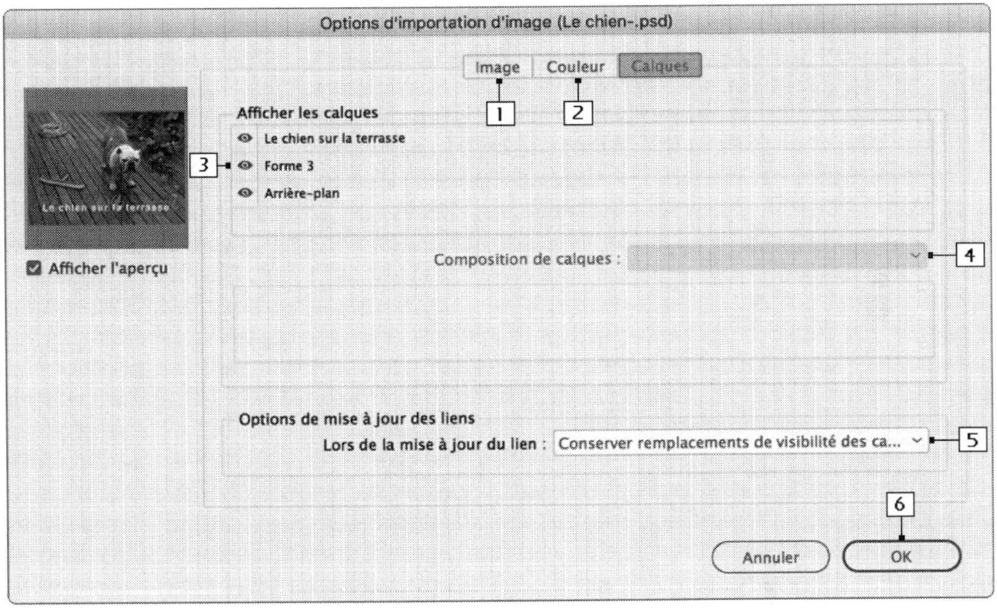

[1] Dans cet onglet, choisissez la **Couche alpha** à utiliser dans InDesign et choisissez d'appliquer ou non un masque créé dans Photoshop.

[2] Dans cet onglet, vous pouvez activer ou non la gestion des couleurs en indiquant le **Profil** incorporé dans l'image et le **Mode de rendu**, c'est-à-dire l'affichage des couleurs.

[3] Dans l'onglet **Calques**, cliquez sur ces icônes pour afficher ou non dans InDesign tel ou tel calque de Photoshop.

[4] Si l'image comporte des compositions de calque, sélectionnez celle qui vous intéresse.

[5] Précisez comment doit s'effectuer la mise à jour des liens :

Utiliser la visibilité des calques de Photoshop	Permet de faire correspondre les critères de visibilité des calques avec ceux du fichier source Photoshop mis à jour.
Conserver remplacements de visibilité des calques	Conserve les calques visibles tels qu'ils sont définis dans InDesign.

[6] Validez.

Les formats Illustrator, Acrobat et InDesign

Lors de l'importation d'un fichier Illustrator, la transparence du fichier source est conservée.

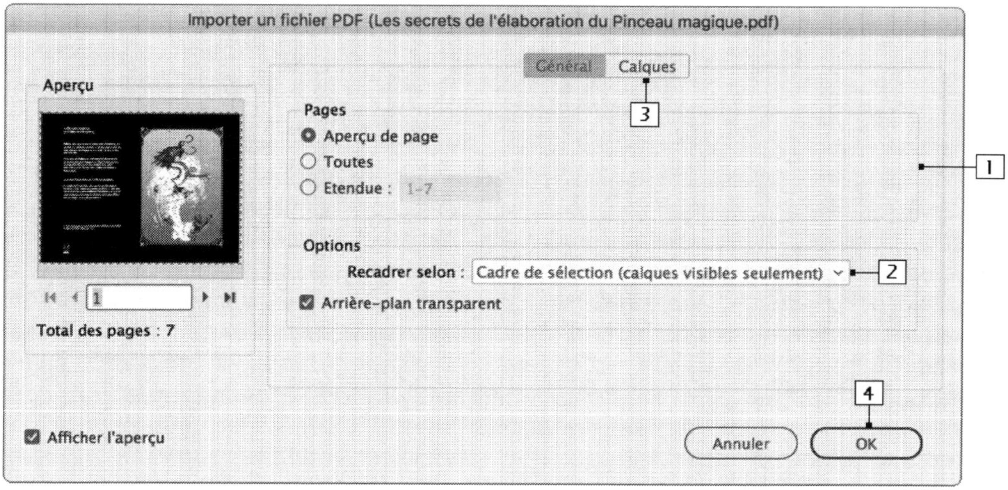

[1] Indiquez les pages à importer dans InDesign.

[2] Choisissez quelle partie du fichier source sera importée :

Cadre de sélection (calques visibles seulement)	Importe seulement les calques visibles dans la composition originale.
Cadre de sélection (tous les calques)	Permet d'importer tous les calques, visibles ou non, de la composition originale.
Graphiques	Importe le fichier à partir d'un rectangle dessiné par l'auteur de l'illustration.
Recadrage	Permet d'importer le fichier Illustrator uniquement dans la zone de visualisation d'Acrobat.
Rognage	Importe l'image dans la zone délimitée par les traits de coupe.
Fond perdu	Importe tous les éléments compris dans la zone d'écrêtage indiquée par le fond perdu.
Support	Importe le fichier avec la taille réelle de la page source.

[3] Dans cet onglet, choisissez les calques à afficher dans la composition InDesign et comment doit s'effectuer la mise à jour des liens (cf. sous-titre précédent Le format Photoshop).

[4] Validez.

⇨ *Quand vous avez importé une image multicalque, vous pouvez décider d'afficher ou pas tel ou tel calque dans la composition :* ***Objet - Options de calque d'objet*** *; dans la boîte de dialogue* ***Options de calque d'objet****, masquez les calques voulus en cliquant sur le bouton*  *visible devant le nom des calques concernés.*

C- Définir la qualité d'affichage

Ce paramétrage n'affecte que l'affichage dans InDesign, cela n'influence en aucune manière l'impression.

Pour une image

▷ Sélectionnez le bloc contenant l'image.

▷ **Objet - Performances d'affichage**

▷ Choisissez l'option :

Affichage rapide	Les images s'affichent sous la forme d'un rectangle gris, barré d'une croix.
Affichage standard	InDesign utilise l'image en basse résolution (72 dpi).
Affichage de qualité supérieure	InDesign utilise l'image dans sa résolution haute.
Utiliser le paramétrage d'affichage	Utilise le paramètre défini pour le document.

Pour le document

▷ **Affichage - Performances d'affichage**

▷ Choisissez l'option :

Autoriser les paramètres d'affichage de niveau objet	Pour permettre un affichage différent pour tel ou tel objet, par rapport à l'affichage défini au niveau du document.
Supprimer les paramètres d'affichage de niveau objet	Pour appliquer un affichage similaire à tous les objets du document.

Régler les performances d'affichage par défaut

▷ **InDesign** (Mac)/**Edition** (PC) **- Préférences - Performances d'affichage**

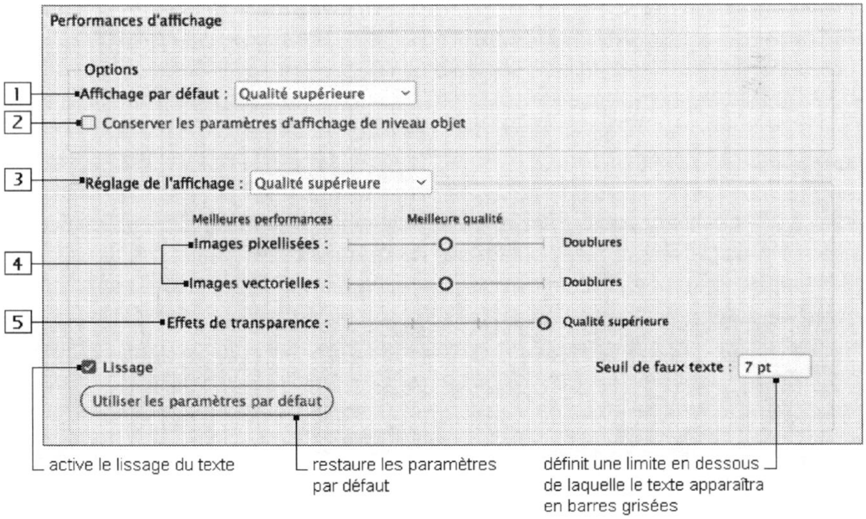

[1] Choisissez une option d'affichage par défaut (cf. sous-titre précédent Pour une image).

[2] Activez cette option pour que chaque image puisse avoir un réglage différent de celui déclaré par défaut.

[3] Sélectionnez le niveau d'affichage à paramétrer.

[4] Définissez l'affichage des images pixellisées et des images vectorielles en déplaçant le curseur correspondant sur :

Grisées	L'image n'apparaît pas, mais un rectangle gris la symbolise.
Doublures	L'image apparaît en affichage basse résolution.
Haute résolution	L'image apparaît en affichage haute résolution.

[5] Réglez la transparence : **Désactivé** (pas de transparence), **Qualité réduite** (transparence de base), **Qualité moyenne** (les effets d'ombre portée, contours progressifs... sont de meilleure qualité) et **Qualité supérieure** (affichage de la transparence et des effets à une résolution de 144 dpi).

▷ Définissez ces mêmes paramètres pour les autres niveaux d'affichage (étapes 3 à 5).

▷ Validez.

D-Ajuster bloc et image

Quand vous importez une image dans un bloc existant, la taille du bloc n'est souvent pas adaptée à celle de l'image. Vous pouvez adapter le bloc à la taille de l'image ou inversement.

À l'aide du menu

▷ Sélectionnez le bloc.

▷ **Objet - Ajustement**

▷ Choisissez l'option :

Ajuster le bloc au contenu [cmd ⌘] [alt ⌥] **C** (Mac), [Ctrl] [Alt] **C** (PC) : pour adapter la taille du bloc à celle de l'image.

Ajuster le contenu au bloc [cmd ⌘] [alt ⌥] **E** (Mac), [Ctrl] [Alt] **E** (PC) : pour redimensionner non proportionnellement l'image à la taille du bloc. L'image occupe la totalité du bloc.

Ajuster le contenu proportionnellement [cmd ⌘] [alt ⌥] [⇧] **E** (Mac), [Ctrl] [Alt] [⇧] **E** (PC) : pour redimensionner proportionnellement l'image à la taille du bloc.

Remplir le bloc proportionnellement [cmd ⌘] [alt ⌥] [⇧] **C** (Mac), [Ctrl] [Alt] [⇧] **C** (PC) : pour que l'image soit redimensionnée dans un sens pour remplir la largeur ou la hauteur du bloc.

Centrer le contenu [cmd ⌘] [⇧] **E** (Mac), [Ctrl] [⇧] **E** (PC) : pour que l'image se centre verticalement et horizontalement dans le bloc, sans être redimensionnée.

Options d'ajustement de bloc : pour choisir le type d'ajustement du bloc dans le cas d'une nouvelle importation d'image dans ce bloc ; pour **Effacer les options d'ajustement de bloc**, cliquez sur l'option correspondante.

Image d'origine

Ajuster le bloc au contenu

Ajuster le contenu au bloc

Ajuster le contenu proportionnellement

Centrer le contenu

À l'aide du panneau Contrôle

▷ Sélectionnez le bloc.

▷ Cliquez sur le bouton correspondant dans le panneau **Contrôle** :

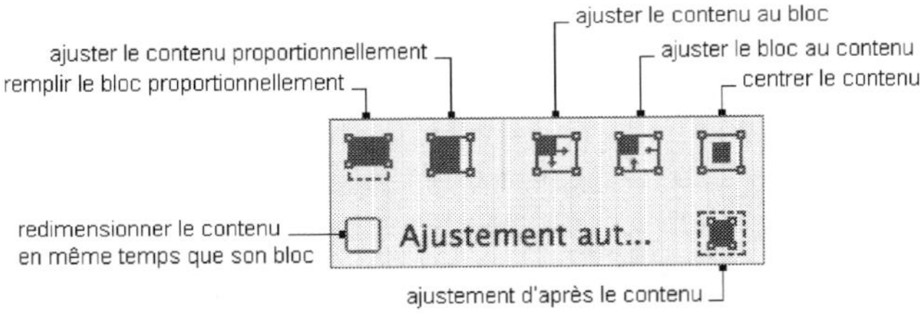

E- Redimensionner une image

Manuellement

▷ Sélectionnez le contenu du bloc à l'aide de l'outil **Sélection directe** ou faites un double clic sur le bloc à l'aide de l'outil **Sélection** .

Le contour de sélection de l'image apparaît. Il peut s'étendre au-delà des contours du bloc, au-dessus ou dans le cadre du bloc, selon la taille de l'image par rapport au bloc.

▷ Placez le pointeur sur une des poignées (il prend la forme d'une double flèche) et faites un cliqué-glissé. Pour redimensionner de manière proportionnelle, maintenez la touche ⇧ enfoncée pendant le cliqué-glissé.

Paramétrer le redimensionnement

▷ Sélectionnez le contenu du bloc à l'aide de l'outil **Sélection directe** ou faites un double clic sur le bloc à l'aide de l'outil **Sélection** .

▷ Pour réaliser un redimensionnement proportionnel, dans le panneau **Contrôle**, cliquez si besoin sur le bouton en regard des deux zones d'édition **Largeur** (**l**) et **Hauteur** (**H**) : ce bouton prend alors l'aspect . Précisez ensuite la largeur ou la hauteur.

⇨ *Vous pouvez aussi utiliser le panneau **Transformation** : modifiez éventuellement le point de référence de l'image ; le point de référence est le point fixe de l'image aussi, le redimensionnement se fera à partir du point opposé. Indiquez les nouvelles valeurs dans les zones **Largeur (l)** et/ou **Hauteur (H)**.*

GRAPHISME

F- Positionner une image

Manuellement

- Sélectionnez l'image à l'aide de l'outil **Sélection directe** .
- Placez le pointeur sur l'image (il prend l'aspect d'une main) puis faites un cliqué-glissé pour positionner l'image où vous souhaitez dans le bloc.

⇨ *Vous pouvez aussi activer l'outil **Sélection** , pointer l'image puis faire glisser le symbole rond (obturateur photo) qui s'affiche pour déplacer l'image dans le bloc.*

Paramétrer le positionnement

- Sélectionnez l'image à l'aide de l'outil **Sélection directe** .
- Dans le panneau **Contrôle** ou **Transformation**, utilisez les zones d'édition **X+** et **Y+**.

point de référence
à partir duquel est
calculée la position

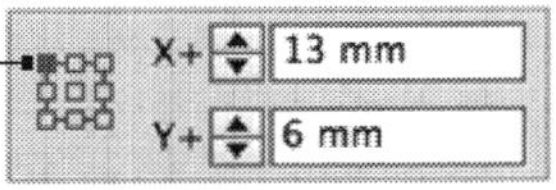

G- Appliquer des transformations

- Pour appliquer une transformation (mise à l'échelle, rotation ou déformation) à une image, sélectionnez-la à l'aide de l'outil **Sélection directe** .

  Pour appliquer une transformation au bloc et à l'image qu'il contient, sélectionnez le bloc à l'aide de l'outil **Sélection** .
- Double cliquez sur l'outil de transformation souhaité dans le panneau **Outils**.
- Définissez les paramètres de la transformation puis validez par **OK**.

⇨ *Pour appliquer une transformation, vous pouvez aussi réaliser un cliqué-glissé sur l'image à l'aide de l'outil de transformation souhaité.*

⇨ *Pour plus d'informations sur les transformations possibles sur les images (de blocs), reportez-vous au chapitre 3.1 - Blocs, les transformations sont similaires.*

H-Habiller une image avec du texte

Vous pouvez habiller une image avec du texte : le texte se répartit autour d'une portion de l'image. Le bloc image peut être placé au-dessus ou en dessous du bloc texte.

▷ Sélectionnez le bloc image.

▷ **Fenêtre - Habillage de texte** ou [cmd ⌘] [alt] **W** (Mac), [Ctrl] [Alt] **W** (PC)

Créer un habillage selon le cadre de sélection

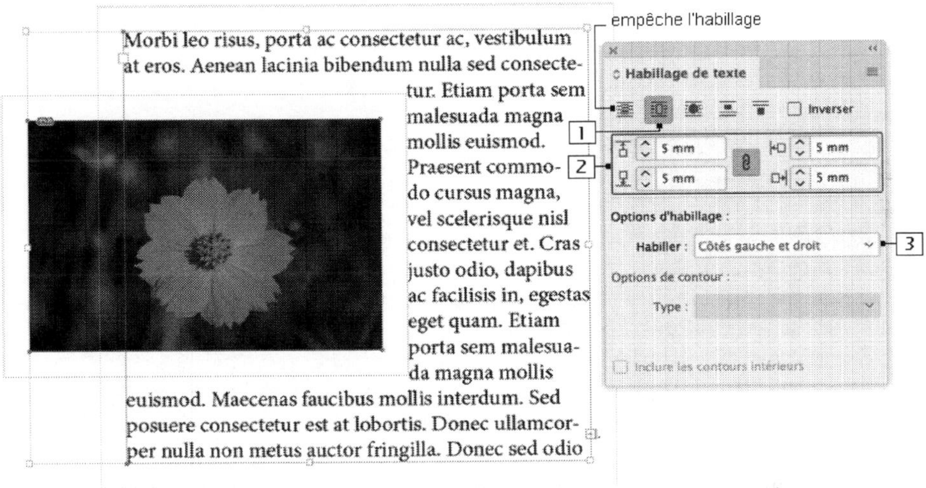

1 Cliquez sur ce bouton.

2 Utilisez si besoin ces quatre zones d'édition pour éloigner le texte du cadre de sélection.

3 Choisissez de quel côté va passer le texte.

Créer un habillage selon la forme de l'image

▷ Dans le menu des options du panneau **Habillage de texte**, choisissez si besoin l'option **Afficher les options**.

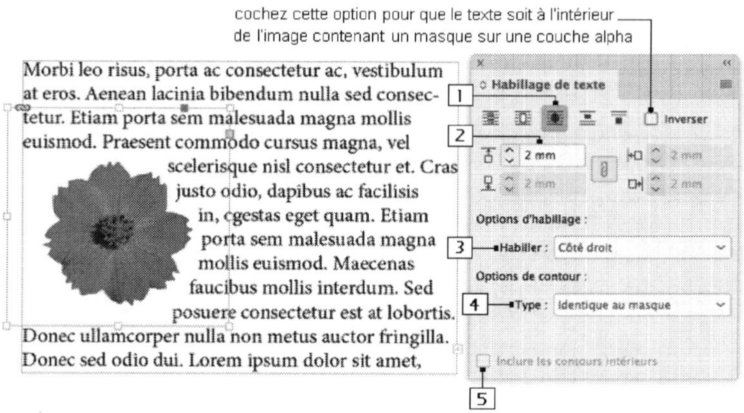

1 Cliquez sur ce bouton.

2 Appliquez si besoin un décalage sur toute la limite de l'habillage.

3 Choisissez l'option correspondant à la position du texte par rapport à l'image.

4 Indiquez comment doit être tracé le contour de la zone d'habillage :

Cadre de sélection	Suivant le cadre déterminé par la hauteur et la largeur de l'image.
Détection des contours	Pour utiliser la fonction de détection automatique des contours d'InDesign.
Couche alpha ou **Tracé Photoshop**	Pour utiliser une couche alpha ou un tracé enregistré avec l'image.
Bloc graphique	Suivant le cadre du bloc.
Identique au masque	Pour utiliser le masque de l'image.

5 Si l'image comporte des zones vides, cochez cette option pour que le texte apparaisse à l'intérieur de ces zones.

⇨ *Utilisez le bouton **Passer à la colonne suivante** pour passer le texte d'habillage qui se trouverait sous l'image, en haut de la colonne suivante du bloc.*

⇨ *Pour modifier l'habillage, activez l'outil **Sélection directe** et cliquez sur l'image dans le bloc. Modifiez les tracés avec les outils de dessin.*

4.2 Formes

A- Créer des formes simples

Dessiner une forme

▷ Dans le panneau **Outils**, sélectionnez un des outils suivants :

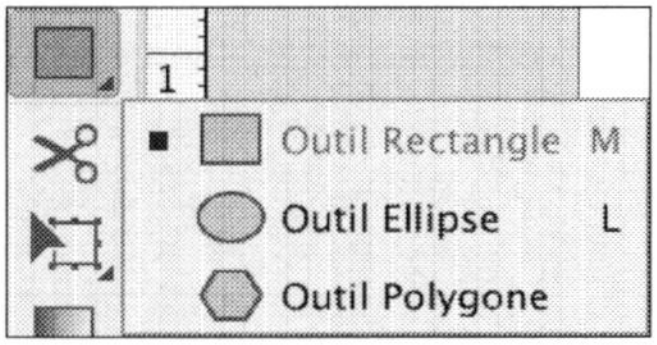

▷ Effectuez un cliqué-glissé en diagonale. Comme pour les blocs, vous pouvez imposer des contraintes avec la touche ⇧ (carré, rond et polygone dans un carré), ⌥ (Mac) ou Alt (PC) pour tracer la forme depuis son centre, ou en combinant les deux touches (tracé depuis le centre et contrainte à 45°).

Créer un rectangle ou une ellipse en paramétrant ses dimensions

▷ Sélectionnez l'outil **Rectangle** ou **Ellipse**.

▷ Cliquez à l'endroit où vous souhaitez ajouter la forme.

▷ Dans la boîte de dialogue qui s'affiche, indiquez la **Largeur** et la **Hauteur** voulues puis validez par **OK**.

Créer un polygone ou une étoile en les paramétrant

▷ Double cliquez sur l'outil ⬡.

▷ Dans la boîte de dialogue qui s'affiche, spécifiez le nombre de côtés du polygone.

▷ Si vous souhaitez dessiner une étoile, dans la zone **Marge en étoile**, indiquez la distance en pourcentage pour délimiter les bords extérieur et intérieur.

▷ Cliquez sur **OK**.

▷ Effectuez un cliqué-glissé pour dessiner le polygone ou l'étoile.

⇨ *Vous pouvez changer la forme d'un objet en une autre : sélectionnez l'objet à transformer puis **Objet - Convertir la forme** et sélectionnez la forme voulue. Vous pouvez aussi utiliser les outils du panneau **Pathfinder** (**Fenêtre - Objet et mise en page - Pathfinder**).*

⇨ *Pour déplacer, redimensionner, incliner, effectuer des rotations... reportez-vous au chapitre 3.1 concernant les blocs car les techniques sont les mêmes.*

B- Modifier le tracé d'une forme

▷ Une fois la forme dessinée, activez l'outil **Sélection directe** ▷ puis sélectionnez la forme en cliquant dessus.

▷ Cliquez sur un point d'ancrage ou sur un segment et faites-le glisser à l'endroit voulu.

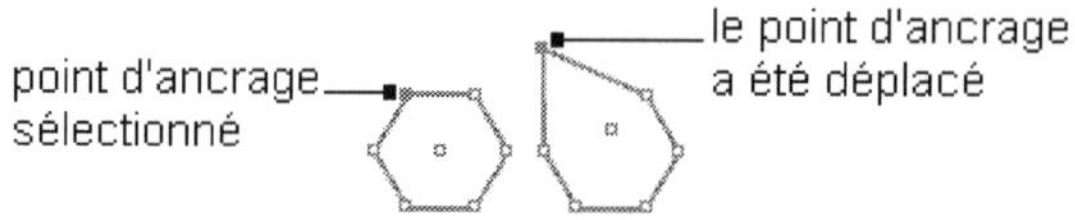

⇨ *Vous pouvez aussi utiliser les touches fléchées pour déplacer le point d'ancrage ou le segment sélectionné.*

C- Créer des traits

▷ Sélectionnez l'outil **Trait** dans le panneau **Outils**.

▷ Faites un cliqué-glissé. Utilisez la touche ⇧ pour imposer une contrainte à 45° et la touche ⌥ (Mac) ou Alt (PC) pour tracer le trait à partir de son centre.

▷ Pour modifier le tracé, utilisez l'outil **Sélection directe** .

D- Créer des tracés libres

▷ Sélectionnez l'outil **Crayon** .

▷ Sur la page, effectuez un cliqué-glissé.

▷ Pour modifier le tracé, utilisez l'outil **Sélection directe** .

▷ Pour adoucir un tracé un peu trop anguleux, sélectionnez l'outil **Arrondi** puis cliquez-glissez (plusieurs fois si nécessaire) en suivant le tracé existant.

▷ Pour effacer une partie du tracé, sélectionnez l'outil **Gomme** puis cliquez-glissez sur la partie du tracé à effacer.

⇨ *Pour modifier les paramètres de l'outil **Crayon**, faites un double clic dessus, modifiez les options souhaitées puis cliquez sur le bouton **OK**.*

E- Tracer des polygones avec l'outil Plume

▷ Sélectionnez l'outil **Plume** .

▷ Faites des clics successifs pour créer les segments du polygone.
Si vous souhaitez fermer le polygone, effectuez le dernier clic sur le point d'ancrage de départ.

▷ Pour modifier le tracé, utilisez l'outil **Sélection directe** sur les points d'ancrage ou sur les segments.

F- Tracer des courbes avec l'outil Plume

Dans une courbe de Bézier :

- *Les points d'ancrage délimitent le début et la fin de la courbe.*
- *Le point directeur détermine la courbure de la courbe. Plus le point directeur est éloigné du point d'ancrage, plus la courbe est tangente à la ligne directrice et plus elle est douce.*

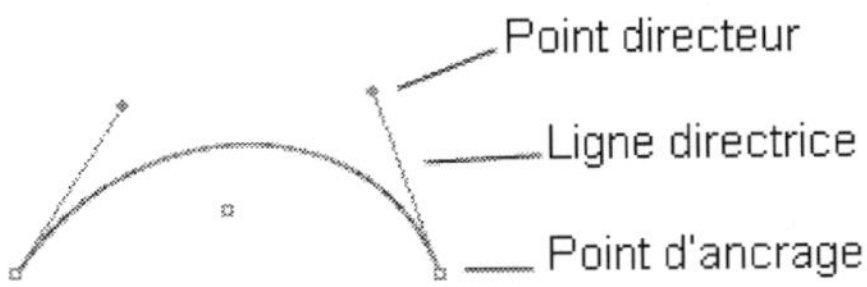

- Activez l'outil **Plume** .
- Dessinez la forme, toujours dans le sens du tracé : cliquez pour créer le premier point d'ancrage, faites glisser pour dessiner la ligne directrice puis lâchez la souris pour positionner le point directeur.

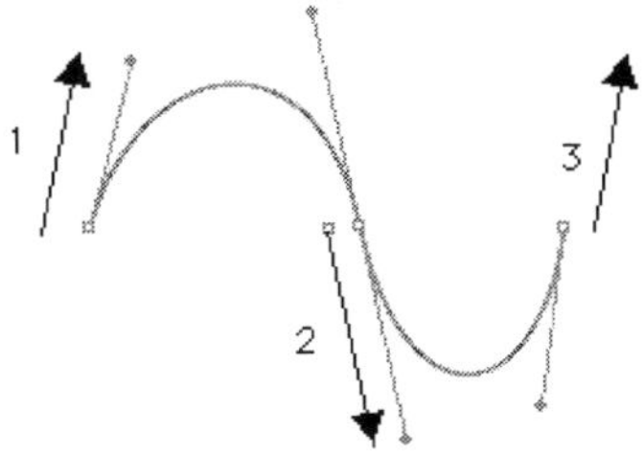

- Pour créer des angles (un point de sommet) dans votre tracé courbe (avec les points d'inflexion), au cours du tracé, appuyez et maintenez la touche (Mac) ou Alt (PC) enfoncée (le pointeur se transforme alors en l'**Outil de conversion**), puis glissez le dernier point directeur créé à l'endroit voulu :

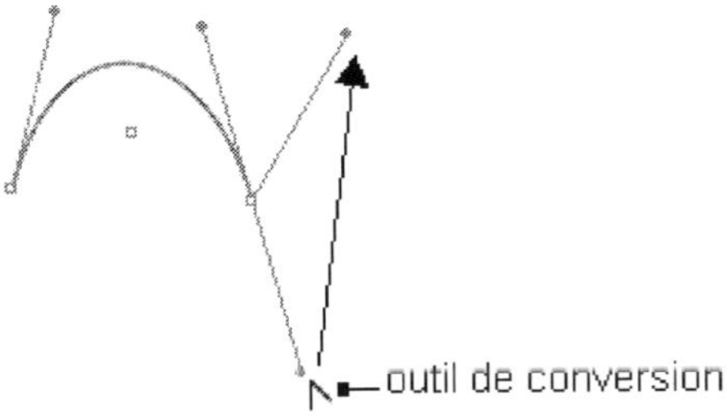

- Continuez votre tracé.
- Si vous souhaitez fermer la forme, terminez votre tracé par un cliqué-glissé sur le premier point d'ancrage.

G- Modifier le tracé d'une courbe

- Sélectionnez le tracé concerné à l'aide de l'outil **Sélection directe** .
- Pour ajouter un point d'ancrage au tracé, activez l'outil **Ajout de point d'ancrage** puis cliquez sur la courbe.
- Pour supprimer un point d'ancrage du tracé, activez l'outil **Suppression de point d'ancrage** puis cliquez sur le point à supprimer.
- Pour transformer un point d'ancrage, activez l'outil **Conversion de point directeur** :
  - Pour transformer un point d'inflexion en un point de sommet, cliquez-glissez depuis un point directeur.
  - Pour transformer un point de sommet en un point d'inflexion, cliquez-glissez depuis le point d'ancrage.

Après avoir sélectionné le point d'ancrage concerné, vous pouvez aussi utiliser le menu ***Objet - Convertir le point*** *puis cliquer sur le nouveau type de point d'ancrage, ou encore cliquer sur le bouton correspondant du panneau* ***Pathfinder****.*

▷ Pour toute transformation libre d'un point d'ancrage ou d'un point directeur, utilisez l'outil **Sélection directe** .

H- Ouvrir/fermer un tracé

▷ Activez l'outil **Ciseaux** puis cliquez sur un segment : deux points d'ancrage sont créés et superposés. Utilisez l'outil **Sélection directe** pour déplacer un segment.

Vous pouvez aussi utiliser l'outil ***Ouvrir le tracé*** *du panneau* ***Pathfinder*** *pour ouvrir un tracé fermé.*

▷ Pour fermer un tracé ouvert, sélectionnez-le puis cliquez sur l'outil **Fermer le tracé** du panneau **Pathfinder**. Pour joindre deux tracés ouverts, sélectionnez-les puis cliquez sur le bouton **Joindre le tracé** du panneau **Pathfinder**.

I- Combiner des objets

Pour créer un objet complexe, il est parfois plus aisé d'imaginer la combinaison de plusieurs objets simples.

▷ Sélectionnez les objets à combiner.

À l'aide du menu

▷ **Objet - Pathfinder**

▷ Choisissez l'option qui convient.

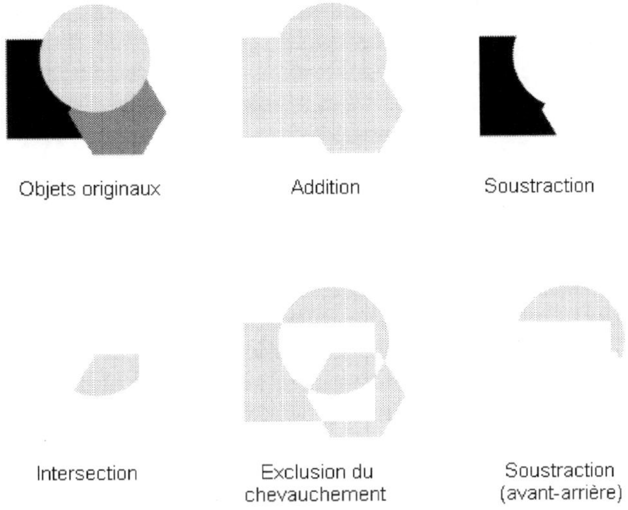

À l'aide du panneau Pathfinder

▹ Utilisez les boutons du panneau **Pathfinder** (**Fenêtre - Objet et mise en page - Pathfinder**).

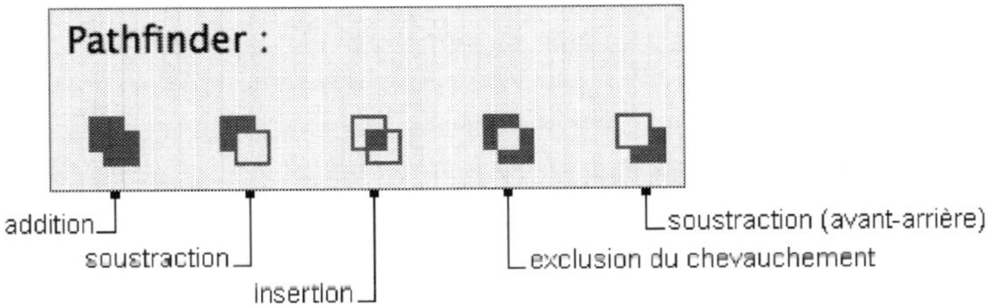

J- Vectoriser un texte

Vous pouvez transformer du texte (police Type 1, TrueType ou OpenType) en un ensemble d'objets vectoriels que vous pourrez ensuite modifier avec les outils de dessin.

▹ Sélectionnez le bloc ou une partie du texte.

▹ **Texte - Vectoriser** ou [cmd ⌘] [⇧] **O** (Mac) ou [Ctrl] [⇧] **O** (PC)

Texte dans le bloc   Texte vectorisé

GRAPHISME

K- Créer un texte curviligne

Vous pouvez créer du texte qui suit une courbe de Bézier.

▷ Dessinez une courbe de Bézier avec l'outil **Plume** .

▷ Activez l'outil **Texte curviligne** , cliquez sur la courbe puis saisissez le texte.

▷ Modifier la position du texte à l'aide de l'outil .

▷ Pour mettre en forme le texte curviligne, sélectionnez-le puis : **Texte - Texte curviligne - Options**.

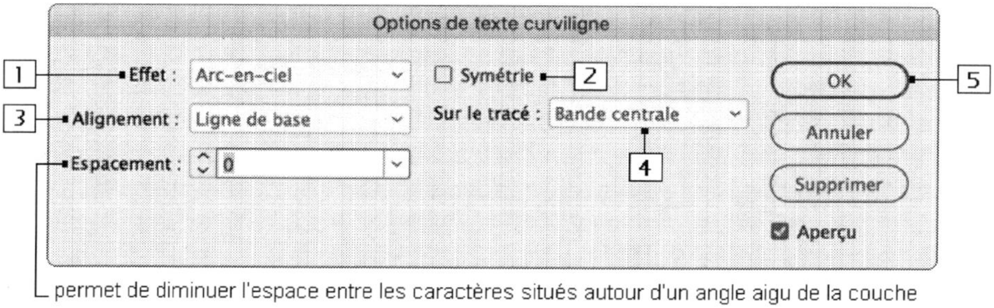

1 Choisissez l'aspect du texte.

2 Cochez cette option pour placer le texte sous la courbe.

3 Indiquez la référence d'alignement du texte sur la courbe.

4 Indiquez où doit être placé le texte par rapport au tracé de la courbe :

Aligner en haut	sur le haut de l'épaisseur du tracé.
Bande centrale	sur le tracé.
Aligner en bas	sur la base de l'épaisseur du tracé.

5 Validez.

⇨ *Pour supprimer le texte associé à une courbe, sélectionnez le texte curviligne et, dans le menu **Texte - Texte curviligne**, choisissez **Supprimer texte curviligne**.*

4.3 Contours et fonds

A- Appliquer un contour à un tracé

- Sélectionnez le tracé.
- **Fenêtre - Contour** ou F10 (PC), cmd ⌘ F10 (Mac)
- Si besoin, dans le menu des options du panneau, choisissez **Afficher les options**.

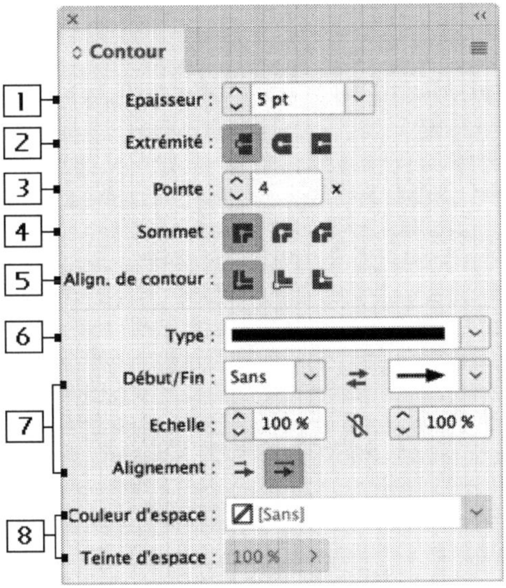

1 Sélectionnez l'épaisseur du contour ou saisissez une valeur.

2 Dans le cas d'un tracé ouvert, choisissez la forme des extrémités.

3 Indiquez la valeur seuil du rapport longueur du sommet/largeur du contour, au-delà de laquelle la pointe apparaît sur les sommets arrondis.

4 Pour un polygone, sélectionnez une forme pour les sommets.

5 Définissez la position du contour par rapport au tracé du bloc :

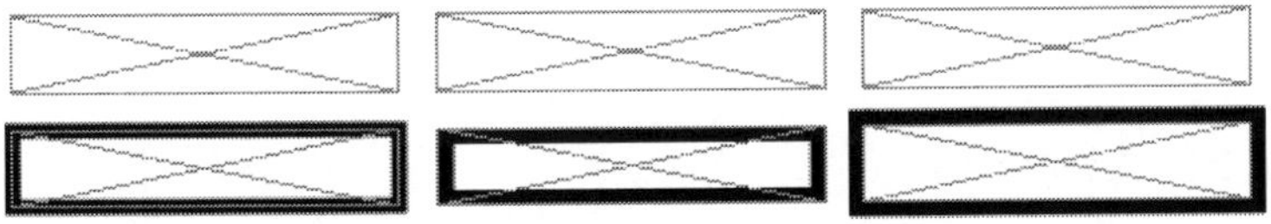

centré intérieur extérieur

6 Sélectionnez le type de contour : trait plein, tirets, hachures, pointillés...

7 Pour un tracé ouvert, indiquez si besoin une forme pour les points d'ancrage des extrémités puis indiquez la longueur de la flèche de début et de fin (**Echelle**) et la position de la pointe de la flèche par rapport à la fin du tracé.

GRAPHISME

[8] Si le type de contour comporte des espaces, vous pouvez choisir une couleur et une teinte pour ces espaces.

⇨ *Attention, la taille (largeur et hauteur) du bloc indiquée par InDesign inclut toujours l'épaisseur et le type d'alignement. Ainsi, dans le cas d'un alignement centré, la taille est augmentée d'une demi-épaisseur du contour sur chaque côté.*

⇨ *Si vous choisissez le type de contour **Tirets**, vous pouvez personnaliser les tirets dans la partie inférieure du panneau **Contour**.*

⇨ *L'épaisseur et le type de contour peuvent être modifiés à l'aide des outils correspondants du panneau **Contrôle**.*

B- Appliquer une couleur à un contour ou à un fond

Dans le panneau Nuancier

▷ Sélectionnez le tracé concerné.

▷ **Fenêtre - Couleur - Nuancier** ou F5

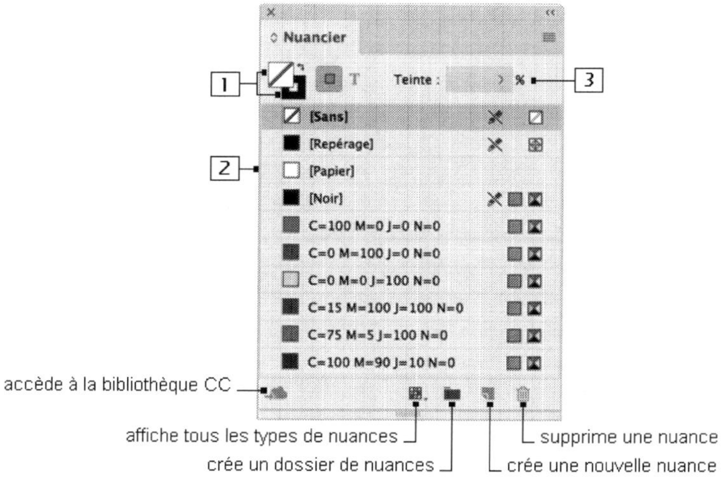

[1] Activez le bouton **Contour** ou le bouton **Fond** suivant le cas.

[2] Sélectionnez une couleur dans la liste.

[3] Modifiez si besoin le pourcentage de la teinte.

Dans le panneau Couleur

▷ Sélectionnez le tracé concerné.

▷ **Fenêtre - Couleur - Couleur** ou F6

▷ Si besoin, dans le menu des options du panneau, choisissez **Afficher les options**.

▷ Ouvrez à nouveau le menu des options et choisissez un modèle colorimétrique : **Lab**, **RVB** ou **CMJN**.

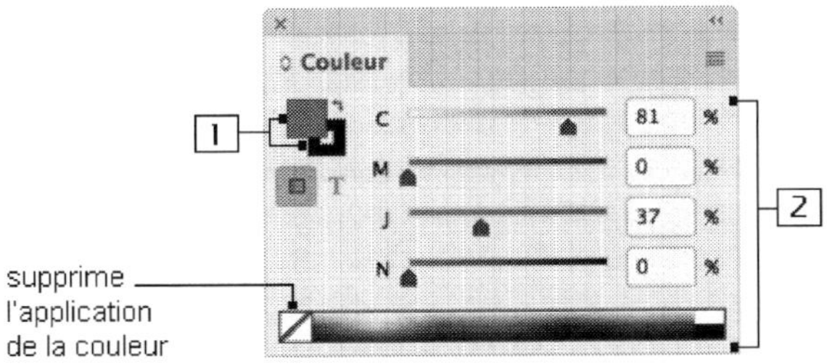

1 Activez le bouton **Fond** ou **Contour**.

2 Pour définir une couleur, utilisez les réglettes ou les zones de saisie, ou encore cliquez dans le spectre de couleur.

⇨ *Les couleurs de fond et de contour peuvent être également modifiées à l'aide des outils et du panneau* ***Contrôle****.*

C- Appliquer des effets

Vous pouvez appliquer des effets, "façon Photoshop", d'ombre portée, de biseautage et d'estampage, de lueur interne...

▷ Sélectionnez l'objet concerné.

▷ Dans le menu **Objet**, choisissez l'option **Effets** puis cliquez sur un des effets proposés, ou cliquez sur le bouton *fx* visible en bas du panneau **Effets** (**Fenêtre - Effets**) puis cliquez sur l'effet souhaité.

Les paramètres de la boîte de dialogue ***Effets*** *diffèrent selon l'effet choisi. Ci-dessous, vous visualisez les paramètres de l'effet* ***Ombre portée****.*

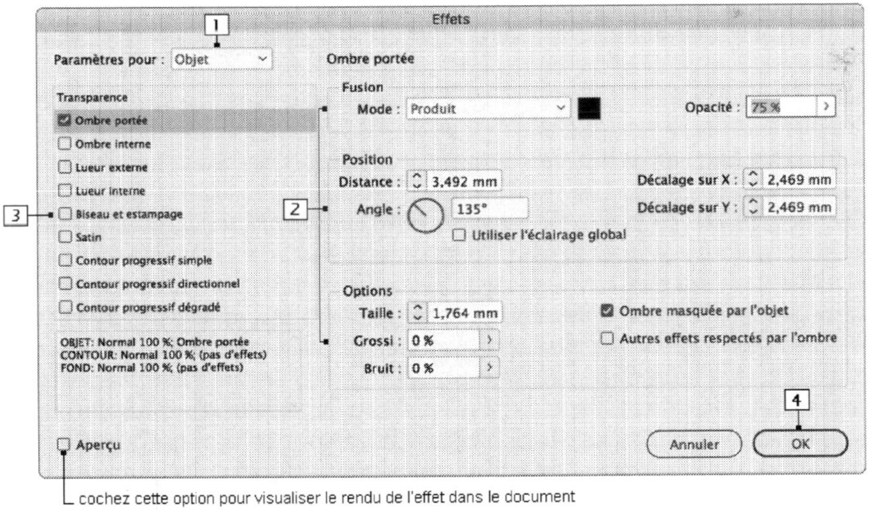

GRAPHISME

1 Choisissez si l'effet doit être appliqué à l'**Objet** entièrement, au **Contour**, au **Fond** ou au **Texte**.

*L'option **Texte** est disponible uniquement si un bloc de texte est sélectionné.*

2 Modifiez les paramètres selon l'effet souhaité.

3 Si un autre effet doit être appliqué à l'objet sélectionné, sélectionnez-le puis spécifiez ses paramètres dans la partie droite de la boîte de dialogue.

4 Validez vos choix.

▷ Si cela n'est pas fait, affichez le panneau **Effets** par **Fenêtre - Effets**.

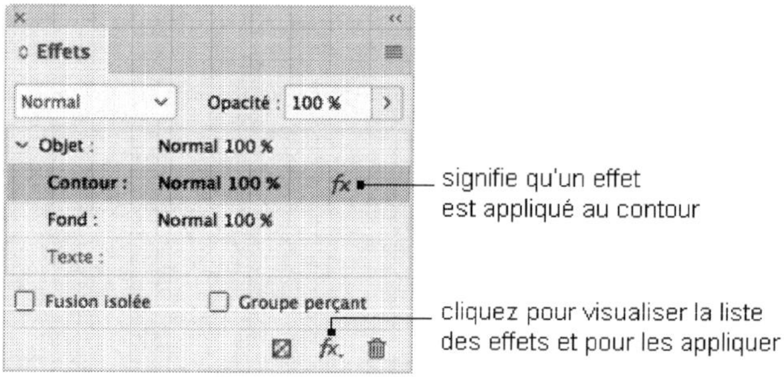

▷ Pour modifier un effet, faites un double clic sur la ligne **Objet**, **Contour**, **Fond** ou **Texte** selon l'effet à modifier.

▷ Pour supprimer un effet, faites un double clic sur la ligne **Objet**, **Contour**, **Fond** ou **Texte** selon l'effet à supprimer puis décochez l'effet concerné dans la boîte de dialogue **Effets**.

▷ Pour supprimer tous les effets de l'**Objet**, du **Contour**, du **Fond** ou du **Texte**, sélectionnez la ligne correspondante puis cliquez sur le bouton 🗑.

⇨ *Beaucoup d'effets (Ombre portée, Ombre interne...) utilisent un éclairage déterminé par la valeur **Angle** mais vous pouvez aussi utiliser une valeur globale pour cet éclairage en cochant l'option **Utiliser l'éclairage global**. Pour déterminer cette valeur, utilisez le menu **Objet - Effets - Eclairage global**.*

D- Appliquer des effets d'arrondis aux angles d'un objet

▷ Sélectionnez l'objet concerné.

▷ **Objet - Options d'arrondis**

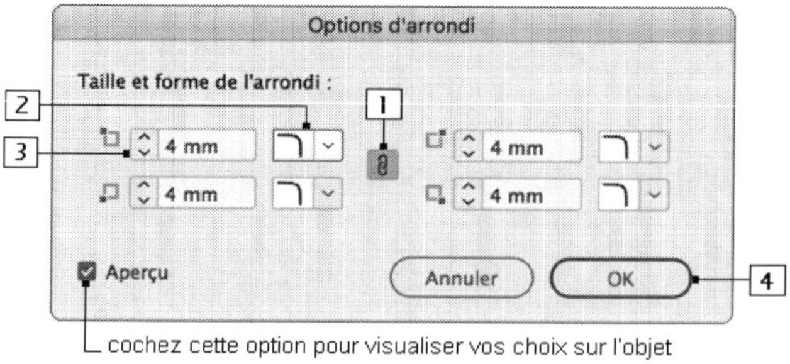

1 Cliquez sur ce bouton si l'arrondi doit être différent pour chacun des angles de l'objet.

2 Sélectionnez la forme de l'arrondi ; si la forme de l'effet doit être différente pour les autres angles, sélectionnez-la dans les autres listes.

3 Spécifiez la taille de l'arrondi ; si cette taille doit être différente pour les autres angles, spécifiez les valeurs souhaitées dans les autres zones.

4 Appliquez l'effet d'arrondi.

Fantaisie Biseau Arrondi inversé

⇨ *Pour appliquer le même arrondi à tous les angles d'un objet, vous pouvez également utiliser les outils correspondants du panneau* ***Contrôle*** *:*

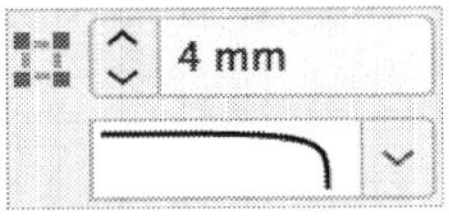

⇨ *Pour appliquer des arrondis manuellement, si besoin, cliquez sur l'option* ***Afficher les angles dynamiques*** *de la commande* ***Affichage - Extras****. Après avoir sélectionné l'objet, cliquez sur le carré jaune pour faire apparaître des losanges à chaque angle de l'objet. Il vous suffit ensuite de faire glisser un des angles pour modifier tous les angles de l'objet ; si seul un angle doit être modifié, maintenez la touche* ⇧ *enfoncée en faisant glisser le losange de l'angle concerné.*

E- Créer un tracé transparent

Un tracé transparent est une zone transparente qui est créée au niveau de la zone de superposition d'au moins deux objets.

▷ Sélectionnez un minimum de deux objets.

▷ **Objet - Tracés - Créer un tracé transparent**

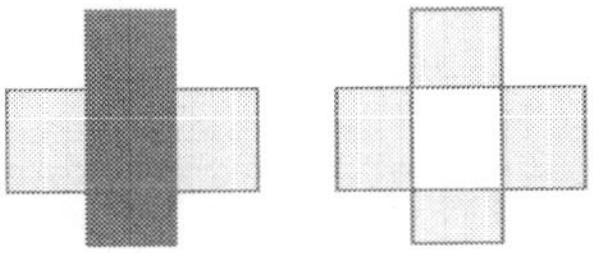

L'objet résultant adopte les attributs de l'objet de fond.

⇨ *Pour annuler un tracé transparent, sélectionnez l'objet puis* ***Objet - Tracés*** *et choisissez* ***Annuler le tracé transparent****.*

F- Copier les attributs d'un objet sur un autre

▷ Veillez à ce qu'aucun objet ne soit sélectionné.

▷ Pour indiquer quels sont les attributs à récupérer, double cliquez sur l'outil **Pipette**.

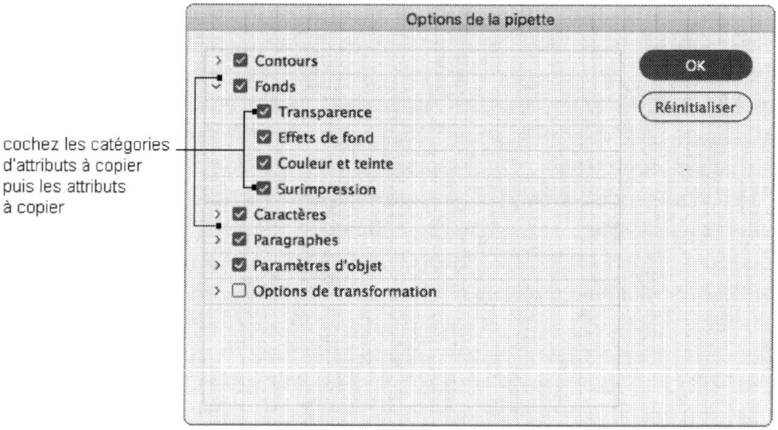

▷ Cliquez sur l'objet source, celui dont vous voulez récupérer les attributs.

Le pointeur se transforme alors en une autre pipette : .

▷ Cliquez sur l'objet cible.

⇨ *Vous pouvez mémoriser des paramètres de mise en forme pour les appliquer à différents objets en créant des styles d'objet (cf. 4.5 - Styles d'objet).*

4.4 Couleurs

A- Créer une couleur

Dans le panneau Nuancier

▷ **Fenêtre - Couleur - Nuancier** ou F5

▷ Dans le menu des options du panneau **Nuancier**, choisissez **Nouvelle couleur** ou appuyez sur la touche ⌥ (Mac) ou Alt (PC) et cliquez sur le bouton **Nouvelle nuance** .

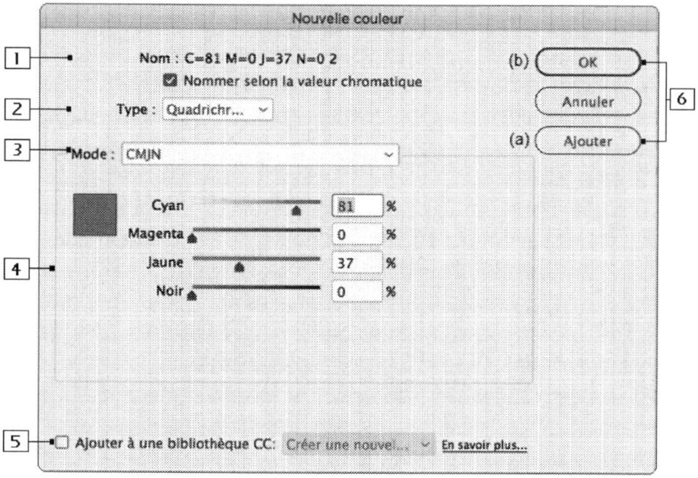

1 Décochez cette option pour pouvoir nommer votre couleur comme vous le souhaitez et saisissez alors le **Nom** de la nuance.

2 Indiquez comment la couleur sera traitée à l'impression. **Quadrichromie** : la couleur sera séparée sur les quatre films de séparation quadrichromique ; les taux de Cyan, de Magenta, de Jaune et de Noir seront répartis sur les films correspondants. **Tons directs** : la couleur sera imprimée sur un film à part.

3 Choisissez le mode de couleur **Lab**, **RVB** ou **CMJN**.

4 Utilisez les curseurs ou les zones d'édition pour définir les composantes de la couleur.

5 Cochez cette option pour enregistrer la couleur dans la bibliothèque CC.

6 Cliquez sur le bouton (a) pour ajouter la couleur et conserver la fenêtre à l'écran ou cliquez sur le bouton (b) pour créer la couleur et fermer cette fenêtre..

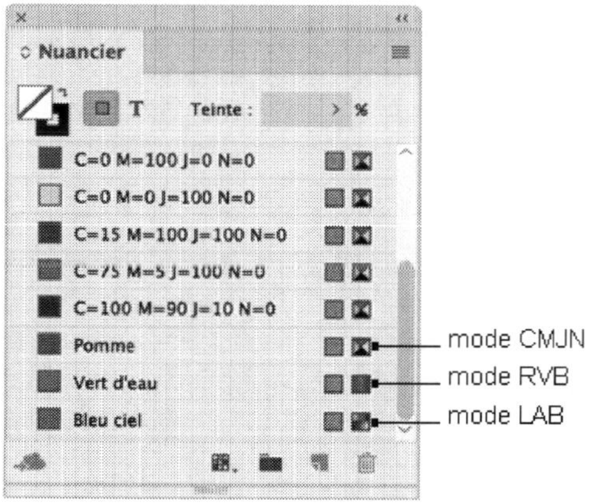

GRAPHISME

⇨ *Pour ajouter dans le panneau* ***Nuancier*** *une couleur provenant d'un nuancier référencé dans le monde de l'imprimerie (par exemple PANTONE), sélectionnez un nuancier dans la liste* ***Mode*** *de la boîte de dialogue* ***Nouvelle couleur*** *puis sélectionnez une couleur. Ces couleurs sont par défaut imprimées sur des films séparés.*

⇨ *Pour modifier une couleur, double cliquez sur son nom dans le panneau* ***Nuancier****.*

⇨ *Le menu des options du panneau* ***Nuancier*** *permet de dupliquer, supprimer une nuance, de sélectionner les nuances inutilisées pour les supprimer, de charger les nuances d'un autre document.*

⇨ *Pour créer des nuances disponibles dans tous les documents à venir, créez-les alors qu'aucun document n'est ouvert.*

Dans le panneau Couleur

▷ **Fenêtre - Couleur - Couleur** ou F6

▷ Dans le menu des options du panneau **Couleur**, choisissez un mode colorimétrique : **Lab**, **CMJN** ou **RVB**.

▷ Utilisez les curseurs ou les zones d'édition pour définir les composantes de la couleur.

▷ Ouvrez le menu des options et choisissez **Ajouter au nuancier** ou glissez et déposez l'échantillon de couleur dans le panneau **Nuancier**.

B- Créer une nuance de teinte

Une teinte est une variante d'une nuance dans laquelle on fait varier la quantité de la couleur : de 0% (absence de couleur) à 100% (couleur pleine).

▷ Sélectionnez la nuance dans le panneau **Nuancier** et dans le menu des options de celui-ci, choisissez **Nouvelle teinte**.

▷ Dans la zone d'édition **Teinte**, indiquez la valeur voulue.

▷ Cliquez sur **OK**.

⇨ *Pour modifier la teinte d'une couleur appliquée à un objet, sélectionnez l'objet et dans le panneau* ***Couleur****, utilisez le curseur ou la zone d'édition associés à l'option T. Si vous voulez conserver cette teinte dans le nuancier, glissez et déposez l'échantillon de la teinte dans le panneau* ***Nuancier****.*

C- Créer un dégradé

▷ Dans le menu des options du panneau **Nuancier**, choisissez **Nouveau dégradé**.

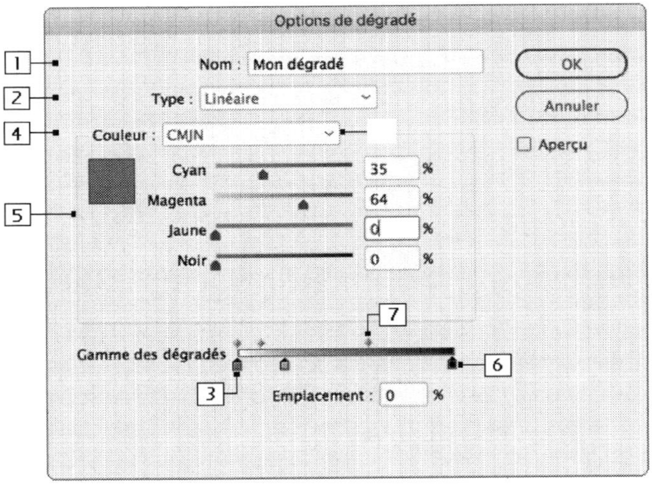

1 Saisissez le **Nom** du nouveau dégradé.

2 Choisissez **Linéaire** pour créer un dégradé de couleurs rectiligne ou **Radial** pour créer un dégradé concentrique.

3 Cliquez sur le premier bouton de couleur.

4 Choisissez le mode colorimétrique de la première couleur.

5 Choisissez la couleur de départ du dégradé.

6 Cliquez sur le deuxième bouton de couleur du dégradé et reprenez les étapes 4 et 5 pour définir cette fois la couleur d'arrivée du dégradé.

7 Pour modifier l'emplacement du passage d'une couleur à l'autre, déplacez ce losange ou saisissez une valeur dans le champ **Emplacement**.

▷ Pour ajouter une nouvelle couleur au dégradé, cliquez sous la réglette **Gamme des dégradés** à l'endroit souhaité puis paramétrez comme précédemment la couleur. Faites de même pour les passages d'une couleur à l'autre avec le losange correspondant.

▷ Pour supprimer une couleur du dégradé, sélectionnez son bouton sous la réglette puis faites-le glisser en dehors de la réglette.

▷ Cliquez sur **OK** pour ajouter le dégradé dans le panneau **Nuancier** et fermer la fenêtre ou cliquez sur **Ajouter** pour ajouter le dégradé et pour conserver cette fenêtre à l'écran.

*Dans le **Nuancier**, l'icône*  *identifie un dégradé linéaire, l'icône*  *identifie un dégradé radial.*

⇨ *Vous pouvez aussi créer des dégradés dans le panneau **Dégradé** (**Fenêtre - Couleur - Dégradé**) selon le même principe. Vous disposez en plus du champ **Angle** qui permet d'incliner un dégradé linéaire et d'un bouton permettant d'**Inverser** toutes les couleurs.*

D- Modifier le dégradé appliqué à un objet

▷ Sélectionnez l'objet sur lequel est appliqué le dégradé.

▷ Sélectionnez l'outil **Dégradé** .

▷ Effectuez un cliqué-glissé sur l'objet sélectionné : l'angle du tracé définit l'angle d'inclinaison des couleurs du dégradé et la distance parcourue définit la première et la dernière couleur.

InDesign réapplique le dégradé en tenant compte de ces paramètres.

E- Appliquer une transparence et une fusion de couleurs

Par défaut les objets que vous créez sont opaques. Vous pouvez appliquer une transparence sur un objet ou un groupe d'objets et indiquer comment vont se "mélanger" des couleurs superposées.

▷ Sélectionnez l'objet ou le groupe d'objets situé au premier plan.

▷ Affichez le panneau **Effets** : **Fenêtre** - **Effets**

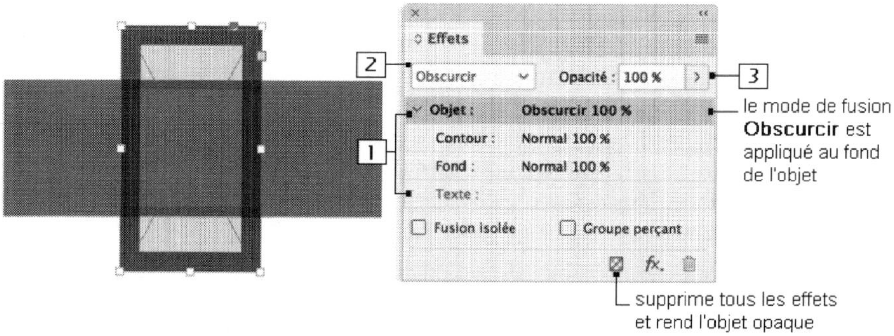

[1] Choisissez si la transparence et/ou la fusion doit s'appliquer à l'**Objet** entièrement, au **Contour**, au **Fond** ou au **Texte**.

[2] Modifiez, si nécessaire, le mode de fusion des couleurs.

[3] Indiquez la valeur de transparence : de **0%** (objet totalement transparent) à **100%** (objet opaque).

⇨ *Pour supprimer une transparence, indiquez une opacité à **100 %** dans la zone **Opacité** du panneau **Effets** ; pour supprimer le mode de fusion, sélectionnez **Normal** dans la liste déroulante du panneau **Effets**.*

4.5 Styles d'objet

Les styles d'objet permettent de mémoriser des mises en forme, les appliquer, les modifier dynamiquement... Ils peuvent s'appliquer aux blocs de texte et aux blocs graphiques.

A- Créer un style d'objet

- **Fenêtre - Styles - Styles d'objet** ou [cmd ⌘] [F7] (Mac), [Ctrl] [F7] (PC)
- Si vous souhaitez créer un style basé sur un objet qui possède déjà la mise en forme voulue, sélectionnez le bloc mis en forme. Sinon, veillez à ce qu'aucun bloc ou texte ne soit sélectionné.
- Dans le menu des options du panneau **Styles d'objet**, choisissez **Nouveau style d'objet** ou appuyez sur la touche [alt] (Mac) ou [Alt] (PC) et cliquez sur le bouton **Créer un nouveau style** .

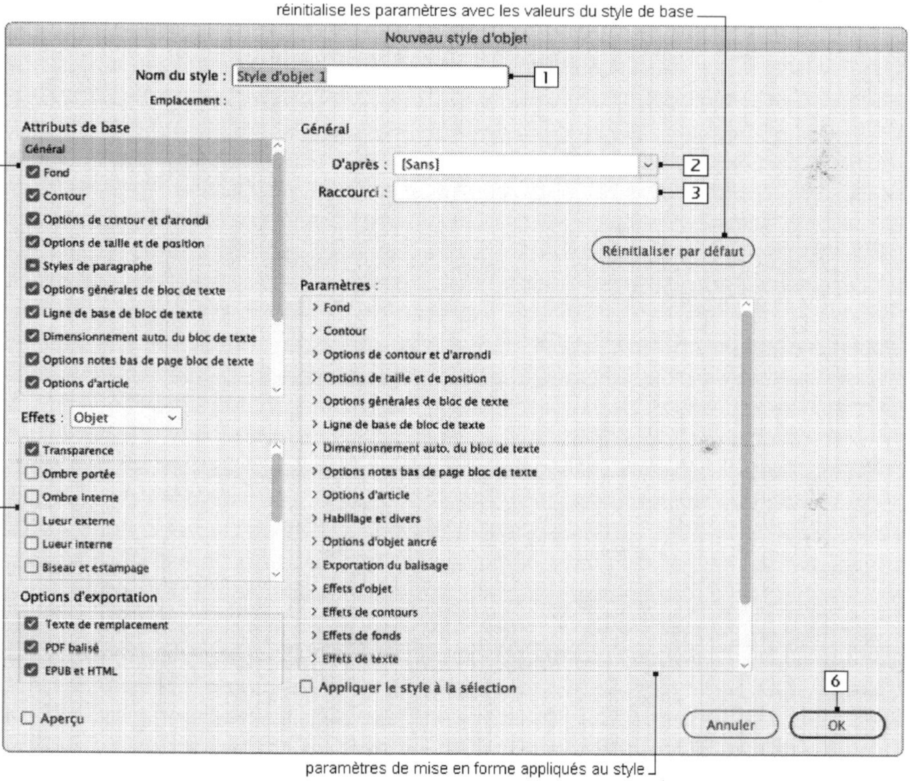

[1] Nommez le style.

[2] Si vous souhaitez créer un style basé sur un style existant, sélectionnez-le dans cette liste. Si vous modifiez par la suite le style de base, tous les styles basés sur celui-ci seront mis à jour.

[3] Attribuez si besoin un raccourci-clavier qui permettra l'application du style.

4 Cochez les catégories d'attributs de mise en forme voulues puis, pour chaque catégorie, spécifiez les attributs à ajouter au style.

5 Vous pouvez aussi appliquer des effets.

6 Créez le style

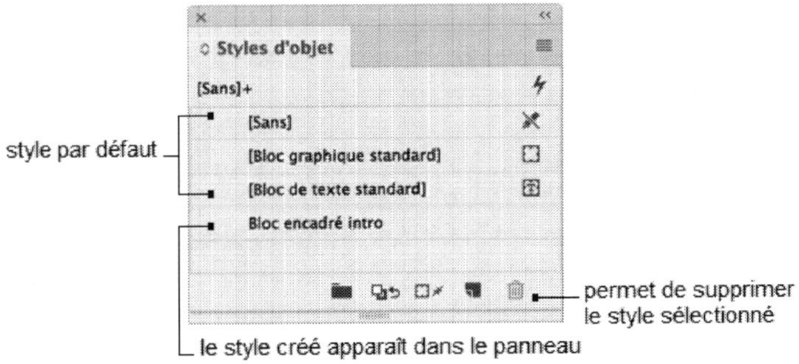

▷ Pour modifier un style d'objet, double cliquez sur son nom dans le panneau et effectuez les modifications voulues dans la boîte de dialogue **Options de style d'objet**.

⇨ *Le menu des options du panneau **Styles d'objet** permet notamment de dupliquer un style, de sélectionner les styles inutilisés, de charger les styles d'un autre document.*

⇨ *Pour modifier un style, vous pouvez aussi réaliser les modifications souhaitées à partir d'un bloc auquel le style a été appliqué puis cliquer sur l'option **Redéfinir le style** du menu des options du panneau **Styles d'objet**.*

B- Appliquer un style d'objet

▷ Sélectionnez le bloc concerné.

▷ Utilisez une des méthodes suivantes :

- Utilisez le raccourci-clavier si vous en avez défini un pour le style.
- Dans le panneau **Styles d'objet**, cliquez sur le style à appliquer.
- Utilisez le panneau d'**Application rapide** que vous affichez en cliquant sur le bouton  de la barre **Contrôle**.

⇨ *Lorsqu'un bloc est mis en forme sans l'application d'un style et que vous voulez lui appliquer un style créé, vous pouvez demander à ce que les attributs initiaux du bloc soient ou non conservés : ouvrez le menu des options du panneau **Styles d'objet** puis cochez ou non l'option **Effacer les remplacements pendant l'application du style**.*

C- Annuler les modifications de styles

*Vous pouvez effectuer des modifications locales sur des paramètres de styles **Attributs de base** utilisés dans la définition du style ou sur des paramètres de style **Effets**. Dans les deux cas, vous pouvez retrouver le style original appliqué au bloc.*

▷ Sélectionnez le bloc modifié puis veillez à ce que le panneau **Styles d'objet** soit affiché.

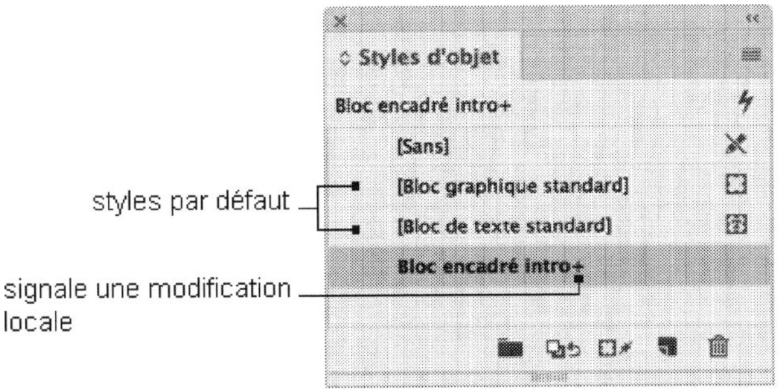

Si les modifications portent sur des paramètres non définis dans le style, il n'y a pas de signe plus (+) à droite du nom du style dans le panneau.

▷ Pour annuler des modifications locales des attributs de base, dans le menu des options du panneau **Styles d'objet**, choisissez **Effacer les remplacements** ou cliquez sur le bouton .

D- Rompre le lien avec le style

▷ Sélectionnez le bloc mis en forme.

▷ Pour supprimer la liaison avec le style tout en conservant la mise en forme du style, dans le menu des options du panneau **Styles d'objet**, choisissez **Rompre le lien au style**.

▷ Pour supprimer la liaison avec le style et supprimer la mise en forme, dans le panneau **Styles d'objet**, choisissez **[bloc graphique standard]** ou **[bloc de texte standard]**.

⇨ *Vous pouvez redéfinir les styles appliqués par défaut aux blocs de texte ou aux blocs graphiques en utilisant un style déjà créé : dans le menu des options du panneau **Styles d'objet**, pointez l'option **Style de bloc de texte par défaut** ou **Style de bloc graphique par défaut** et sélectionnez un style dans la liste proposée. L'icône des blocs par défaut apparaît alors à droite des styles choisis.*

5.1 Livres

Vous pouvez créer des documents InDesign contenant jusqu'à 9999 pages, mais il est nettement plus judicieux de décomposer un gros document en unités plus petites bien structurées puis de créer un "livre" qui regroupera logiquement tous les documents. Vous pourrez appliquer un foliotage qui suivra la structure du livre, regrouper les styles et les couleurs et enfin créer des index et des tables des matières.

A- Créer un livre

- ▷ Créez tous les documents structurant le livre.
- ▷ **Fichier - Nouveau - Livre**
- ▷ Indiquez le dossier d'enregistrement du livre, nommez le livre puis cliquez sur **Enregistrer**.

  Un panneau vide nommé comme le fichier s'affiche.

⇨ *L'extension d'un fichier livre est .indb (InDesign Book).*

⇨ *Pour fermer un livre, cliquez dans la case de fermeture du panneau* ***Livre****.*

⇨ *Pour ouvrir un livre, ouvrez le fichier correspondant (.indb) à partir du menu* ***Fichier - Ouvrir****.*

B- Ajouter et gérer les documents d'un livre

- ▷ Ouvrez le menu des options du panneau **Livre** et choisissez **Ajouter un document** ou cliquez sur le bouton .
- ▷ Sélectionnez les documents constituant le livre et cliquez sur le bouton **Ouvrir**.

  Les noms des documents apparaissent dans le panneau du livre :

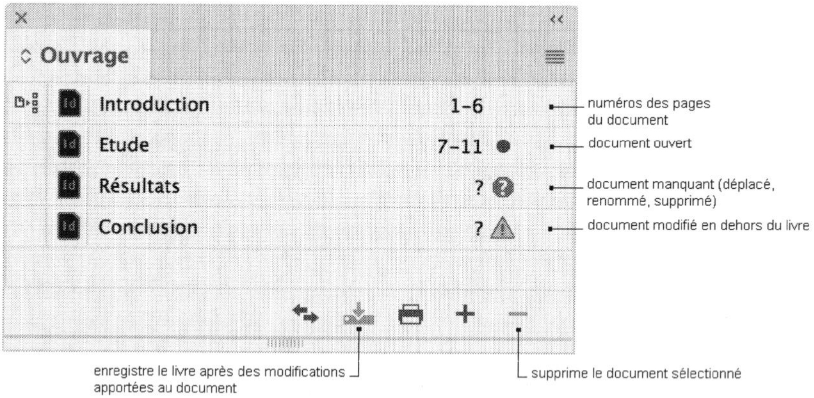

- ▷ Pour modifier l'ordre des documents, cliquez sur le nom du document à déplacer dans le panneau puis faites-le glisser à la position voulue.
- ▷ Pour ouvrir un document, double cliquez sur le nom du document.

- Pour recibler un document manquant, sélectionnez le document dans le panneau et, dans le menu des options, choisissez **Remplacer le document**. Dans la boîte de dialogue, sélectionnez le document à son nouvel emplacement et cliquez sur **Ouvrir**.

⇨ *Vous pouvez ajouter des documents dans le panneau du livre en y faisant glisser les icônes des documents depuis la fenêtre du Finder (Mac) ou depuis l'Explorateur Windows (PC).*

C- Synchroniser les styles du livre

Dans un livre, vous devez spécifier quel est le document "source". Cela permet de n'avoir qu'une seule source de styles et de nuances. Ainsi les styles de caractère, de paragraphe et les nuanciers (couleurs, dégradés...) seront copiés depuis le document source vers les autres documents du livre.

- Pour définir le document source, dans le panneau du livre, cliquez dans la case vide qui précède le nom de ce document.

  L'icône  *s'affiche dans la case.*

- Sélectionnez un autre document que le document source.
- Pour choisir quels éléments doivent être synchronisés, dans le menu des options du panneau du livre, choisissez **Options de synchronisation**.

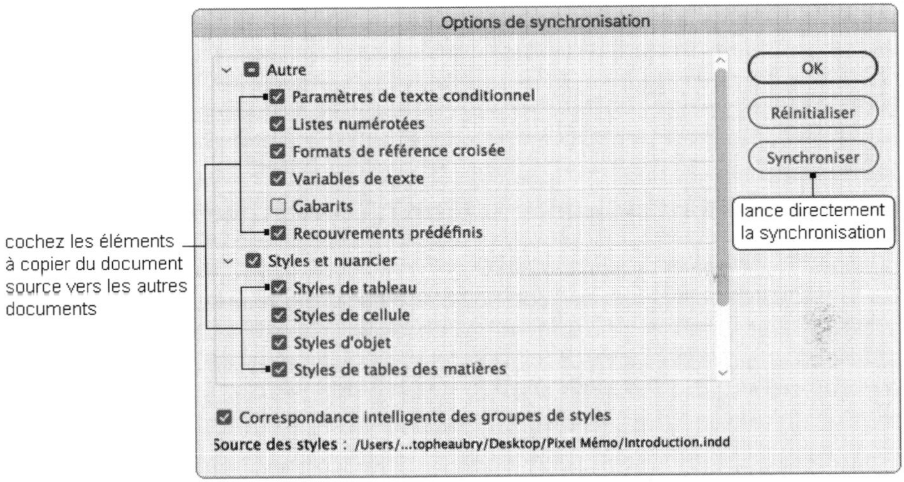

Cliquez sur le bouton **OK**.

- Pour synchroniser tous les documents, n'en sélectionnez aucun dans le panneau du livre puis, dans le menu des options, choisissez **Synchroniser Livre**.

  Pour synchroniser un ou plusieurs documents, sélectionnez-les et choisissez la commande **Synchroniser Documents sélectionnés**.

D- Définir les options de numérotation du livre

La numérotation automatique des pages du livre est activée par défaut et les pages d'un document sont numérotées à la suite du document précédent. Vous pouvez modifier ces options.

▷ Sans qu'aucun document ne soit sélectionné, dans le menu des options du panneau du livre, choisissez **Options de numérotation des pages du livre**.

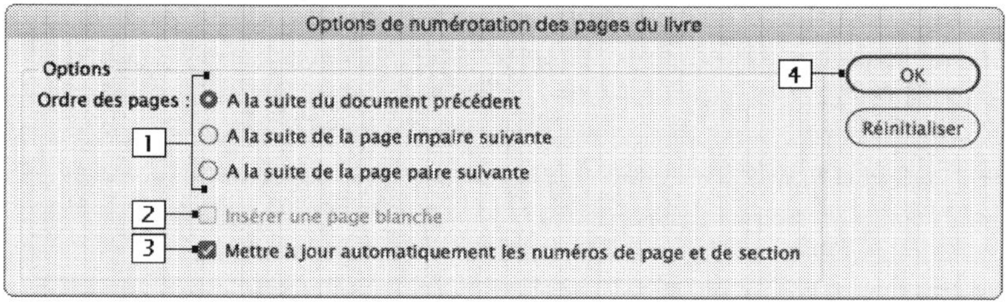

[1] Activez l'option correspondant à l'ordre souhaité pour les pages ; pour commencer la numérotation sur une page paire ou impaire, sélectionnez une des deux dernières options.

[2] Cochez cette option pour ajouter, si besoin, une page vierge à la fin du document précédent.

[3] Décochez cette option si la pagination ne doit pas être mise à jour automatiquement lorsque dans un document, des pages sont ajoutées ou supprimées.

[4] Validez

⇨ *Dans le cas où la pagination automatique est désactivée, vous pouvez imposer une repagination du livre en choisissant la commande **Mettre à jour la numérotation - Mettre à jour les numéros de page et de section** du menu des options du panneau du livre.*

E- Définir les options de numérotation d'un document du livre

▷ Dans le panneau du livre, sélectionnez le document qui doit avoir une pagination spécifique.

▷ Dans le menu des options du panneau, choisissez **Options de numérotation du document**. Vous pouvez aussi faire un double clic sur les numéros des pages visibles à droite du document.

*Vous retrouvez une boîte de dialogue identique à la boîte de dialogue **Options de numérotation du document** vue dans le chapitre relatif aux gabarits (cf. chapitre 2.3 - titres G à I).*

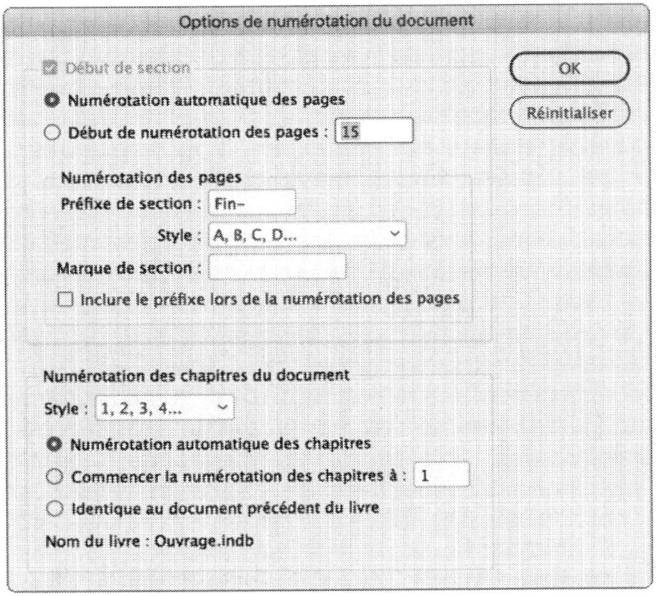

F- Gérer la numérotation des chapitres d'un livre

Dans un livre, nous pouvons considérer que chaque document constitutif est un chapitre. Il peut alors s'avérer intéressant de faire référence au numéro de tel ou tel chapitre dans des blocs du document. Mais la problématique est que le numéro du chapitre est susceptible de varier en fonction de la position du document dans le livre. Nous allons utiliser pour cela la variable ***Numéro de chapitre*** *d'InDesign.*

Définir la numérotation des chapitres dans le livre

Pour chaque document du livre, nous devons indiquer que la numérotation doit suivre celle du document précédent.

- ▷ Sélectionnez le premier document dans le panneau du livre.
- ▷ Dans le menu des options du panneau du livre, choisissez **Options de numérotation du document**.

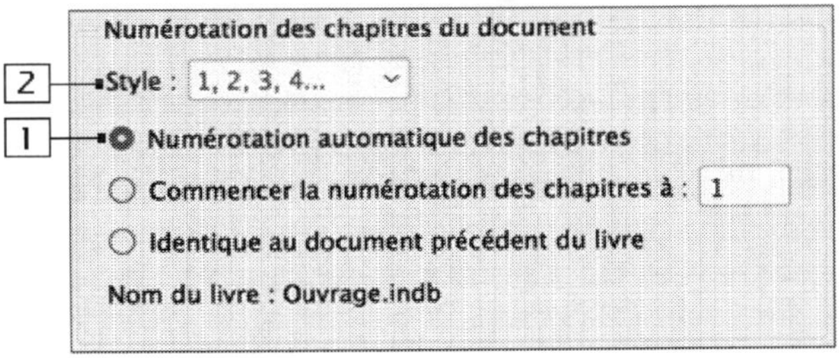

[1] Activez cette option.

[2] Modifiez éventuellement le style de la numérotation.

Si ce style diffère de celui indiqué dans la variable, c'est ce dernier qui prévaut.

▷ Cliquez sur **OK**.

▷ Si besoin, cliquez sur le bouton **OK** du message d'alerte vous informant qu'il faudra mettre à jour la numérotation automatique du livre.

▷ Ouvrez le menu des options du panneau du livre et choisissez l'option **Mettre à jour la numérotation** puis cliquez sur **Mettre à jour les numéros de chapitre et de paragraphe**.

▷ Procédez ainsi pour chaque document du livre.

⇨ *Il est possible d'avoir une continuité de la numérotation des listes dans les différents documents d'un même livre.*

Insérer une référence à un chapitre dans les documents

▷ Ouvrez le document du livre dans lequel la référence doit être insérée.

▷ Ouvrez le gabarit (ou une page courante) et placez le point d'insertion là où doit apparaître la référence au chapitre.

▷ **Texte - Variables de texte - Insérer une variable - Numéro de chapitre**

▷ Faites de même pour chaque document du livre.

▷ Pour personnaliser la variable, utilisez la commande **Texte - Variables de texte** et choisissez **Définir**. Sélectionnez **Numéro de chapitre** puis cliquez sur le bouton **Modifier**.

Spécifiez éventuellement un **Texte avant** et/ou un **Texte après** puis choisissez un **Style** de numérotation : **a**, **A**, **i**, **I** ou **1**.

Cliquez sur **OK** puis sur **Terminer**.

G - Imprimer le livre

▷ Pour exporter le livre au format PDF, veillez à ce qu'aucun document ne soit sélectionné dans le panneau puis choisissez l'option **Exporter Livre au format PDF** du menu des options du panneau du livre ; si seuls un ou plusieurs documents doivent être exportés au format PDF, sélectionnez-les dans le panneau puis cliquez sur l'option **Exporter Documents sélectionnés au format PDF** dans le menu des options du panneau.

▷ Pour imprimer le livre entier, ne sélectionnez aucun document dans le panneau du livre concerné puis, dans le menu des options, choisissez **Imprimer Livre** ou cliquez sur le bouton 🖶.

▷ Pour imprimer un ou plusieurs documents du livre, sélectionnez-les puis choisissez l'option **Imprimer Documents sélectionnés** dans le menu des options du panneau du livre ou cliquez sur le bouton 🖶.

5.2 Table des matières

A- Créer la table des matières d'un livre

Objectif

La création de la table des matières est entièrement basée sur les styles de paragraphes. InDesign va repérer la position de certains styles désignés dans le document ou le livre et "récupérer" le texte ciblé et le folio. La mise en forme de la table des matières est, elle aussi, basée sur des styles. Vous devez donc, dans le document source, créer les styles adéquats et les appliquer aux paragraphes voulus et créer des styles pour la mise en forme de la table. Synchronisez ensuite le livre.

Définir la table des matières

- Ouvrez le document qui doit contenir la table des matières.
- **Page - Table des matières**
- Cliquez sur le bouton **Plus d'options** pour afficher toutes les options.

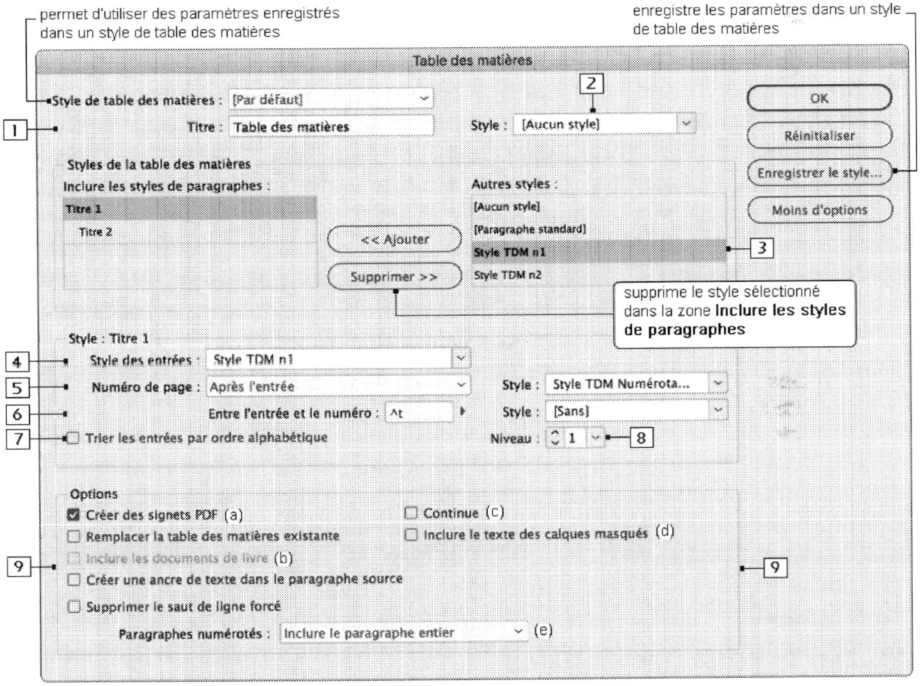

[1] Saisissez le nom de la table des matières.

[2] Sélectionnez le style de paragraphe à appliquer au titre de la table des matières.

[3] Sélectionnez le style de paragraphe de premier niveau à inclure dans la table puis cliquez sur le bouton **Ajouter**.

4 Sélectionnez le style de paragraphe à appliquer à cette entrée de table des matières.

5 Indiquez où doit être placé le folio et sélectionnez le **Style** de caractères à appliquer au folio.

6 Choisissez le type de séparateur : tabulation, espace, tiret... et sélectionnez le **Style** de caractère à appliquer au séparateur.

7 Cochez cette option si vous souhaitez trier les entrées par ordre alphabétique.

8 Indiquez le niveau hiérarchique de cette entrée de table des matières.

9 Cochez les options :

(a) Si vous envisagez de créer un fichier PDF comportant des liens sur les entrées de la table.
(b) Pour créer la table des matières à partir de tous les documents du livre.
(c) Pour que toutes les entrées de la table soient placées dans un même paragraphe.
(d) Pour inclure du texte contenu dans des calques masqués.
(e) Si l'entrée de la table des matières inclut des paragraphes numérotés sous forme de liste, spécifiez comment l'entrée doit être réalisée.

▷ Reprenez les étapes 3 à 9 pour chaque niveau d'entrée de la table des matières.

Insérer la table des matières

▷ Quand vous avez fini de définir la table, cliquez sur le bouton **OK** de la boîte de dialogue **Table des matières**.

Le pointeur se transforme alors en texte chargé 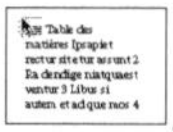.

▷ Cliquez dans le bloc qui doit contenir la table des matières ou cliquez sur la page si le bloc n'a pas été créé auparavant.

InDesign crée un bloc automatiquement quand vous cliquez sur la page.

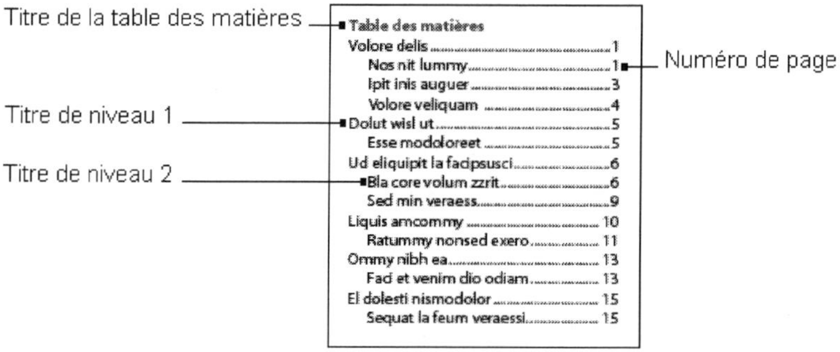

⇨ *Pour gérer les styles des tables des matières, utilisez le menu **Page - Style de table des matières**.*

B- Modifier la table des matières

▷ Pour modifier les styles de la table, modifiez les styles de paragraphe et de caractère associés.

▷ Pour modifier la mise en forme de la table, utilisez de nouveau le menu **Page - Table des matières**.

Réalisez les modifications voulues puis veillez à ce que l'option **Remplacer la table des matières existante** soit bien cochée. Cliquez sur le bouton **OK**.

Un message de confirmation valide le remplacement de la table des matières.

C- Mettre à jour la table des matières

Cette opération est nécessaire si vous avez modifié la structure des documents (ajouts, modifications ou suppressions de paragraphes ciblés par la table).

▷ Sélectionnez le bloc contenant la table des matières.

▷ **Page - Mettre à jour la table des matières**

Un message confirme la mise à jour.

▷ Cliquez sur le bouton **OK**.

5.3 Index

L'index est un "recueil" de mots utilisés dans un document ou dans un livre, associés à un numéro de page ou de groupe de pages, pour indiquer où se situent les utilisations de ces mots.

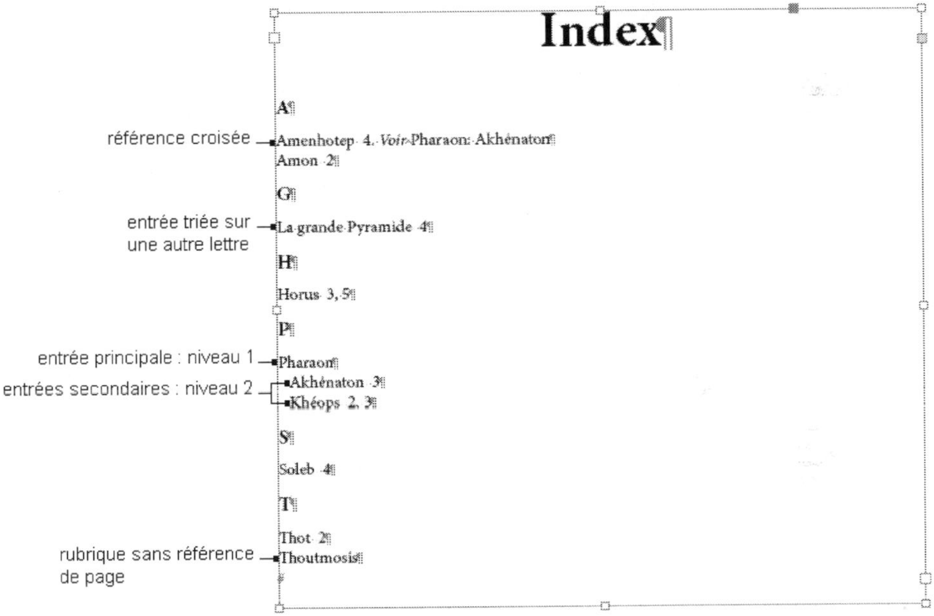

A- Créer les entrées d'index

Une entrée d'index est composée d'un texte et d'une référence à un numéro de page ou à un groupe de pages.

▷ Affichez le panneau **Index** : **Fenêtre - Texte et tableaux - Index** ou ⇧ F8.

▷ Dans le panneau **Index**, activez l'option **Référence**.

▷ Cochez l'option **Livre** si vous travaillez sur un livre.

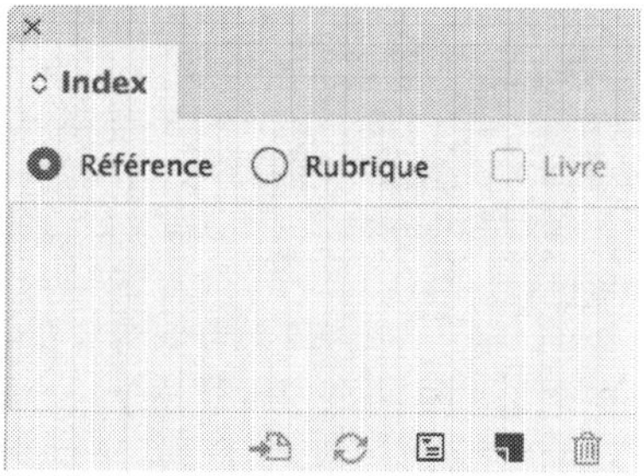

▷ Dans le document, sélectionnez le texte à indexer.

▷ Dans le menu des options du panneau **Index**, choisissez **Nouvelle référence de page** ou cliquez sur le bouton **Créer une entrée d'index** .

*Le mot sélectionné apparaît dans la zone **1** des **Niveaux de rubrique**.*

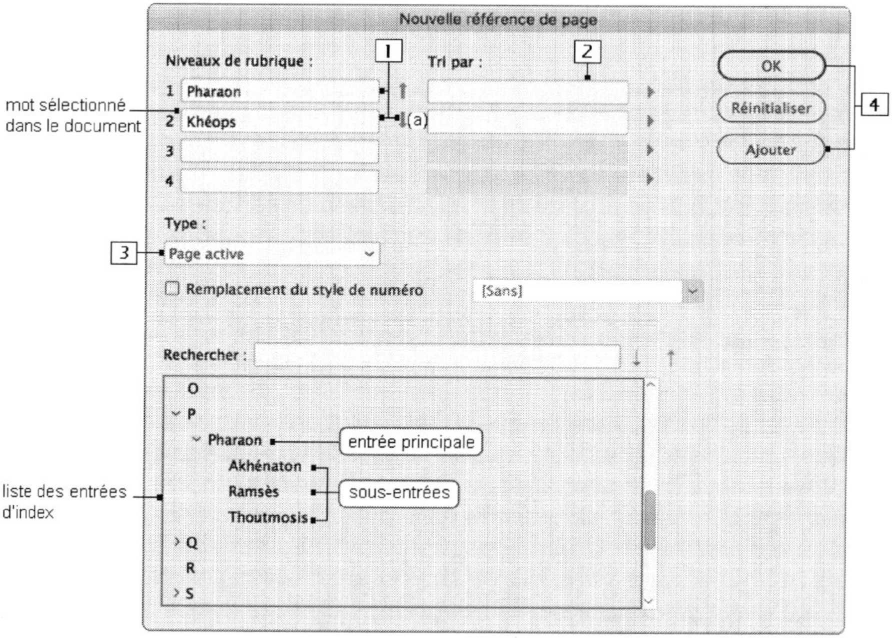

[1] Si le texte à indexer est une entrée principale, saisissez l'entrée dans la zone **1**. Si le texte à indexer sélectionné dans le document doit être une sous-entrée, cliquez sur le bouton (a) pour descendre d'un niveau l'entrée puis saisissez le nom de l'entrée principale dans la zone **2** ; si l'entrée principale existe déjà, après avoir cliqué dans la zone **1**, vous pouvez faire un double clic sur son nom situé dans la partie inférieure de la boîte de dialogue.

[2] Utilisez ce champ de saisie si vous souhaitez qu'une rubrique ne soit pas triée selon sa première lettre, mais selon un autre caractère (exemple, pour que l'entrée La grande pyramide soit classée à la lettre G, saisissez ici Grande pyramide).

[3] Indiquez le type de référence de pages :

Page active	Numéro de la page qui contient le mot indexé.
Jusqu'au style suivant	Groupe de pages allant de la marque d'index jusqu'au style de paragraphe suivant.
Jusqu'au style indiqué	Groupe de pages allant de la marque d'index jusqu'au style de paragraphe indiqué dans la liste **Style**.
Jusqu'à la fin de l'article	Groupe de pages allant de la marque d'index jusqu'à la fin de l'article (le dernier bloc lié).
Jusqu'à la fin du document	Groupe de pages allant de la marque d'index jusqu'à la fin du document.
Jusqu'à la fin de la section	Groupe de pages allant de la marque d'index jusqu'à la fin de la section définie dans le panneau **Pages** (cf. 2.3 - I - Créer des sections).
Nombre de paragraphes indiqué	Groupe de pages allant de la marque d'index jusqu'à la fin du nombre de paragraphes indiqué dans le champ **Numéro**.
Nombre de pages indiqué	Groupe de pages allant de la marque d'index jusqu'à la fin du nombre de pages indiqué dans le champ **Numéro**.
Supprimer l'étendue	Désactive la référence aux pages. Il n'y aura pas de numéro de page associé à l'entrée.

[4] Cliquez sur le bouton **Ajouter** pour créer l'entrée d'index et poursuivre la saisie des autres entrées ; cliquez sur **OK** pour créer l'entrée d'index et fermer la boîte de dialogue.

▷ Procédez ainsi pour chaque texte à indexer.

⇨ *Pour créer une référence croisée, c'est-à-dire une entrée d'index faisant référence à une autre entrée, sélectionnez **Voir** ou **Voir [aussi]** dans la liste **Type** de la boîte de dialogue **Nouvelle référence de page** et saisissez l'entrée cible dans la zone **Référencée** qui s'affiche alors.*

Dans le document, le mot indexé est marqué par un caractère masqué :

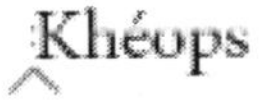

*Les entrées d'index créées s'affichent dans le panneau **Index**.*

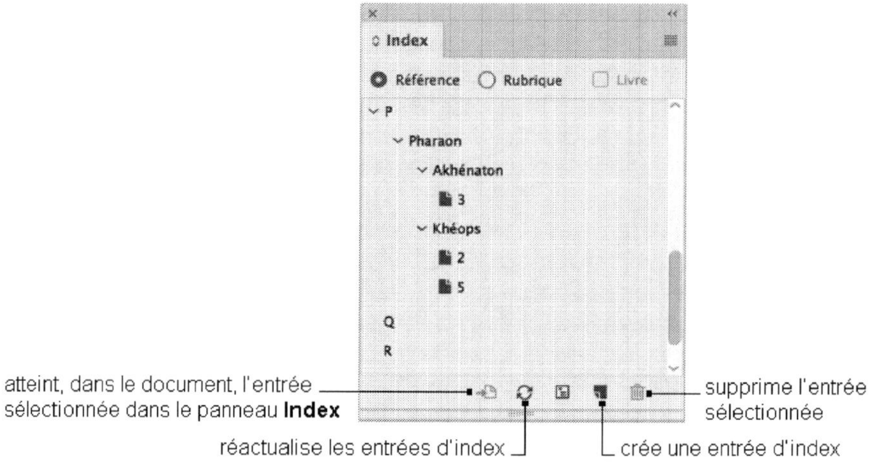

⇨ *Vous pouvez aussi saisir une entrée d'index directement dans la boîte de dialogue* ***Nouvelle référence de page****. Pour ce faire, vous devez, au préalable, positionner le curseur dans la page souhaitée.*

⇨ *Vous pouvez créer une liste des rubriques avant de créer les entrées d'index. Cette liste sera alors disponible dans la boîte de dialogue* ***Nouvelle référence de page*** *et vous pourrez associer une référence de page à une rubrique sélectionnée. Pour créer une liste de rubriques, activez l'option* ***Rubrique*** *dans le panneau* ***Index*** *et sélectionnez l'option* ***Nouvelle rubrique*** *dans le menu des options du panneau.*

B- Générer l'index

▷ Dans le menu des options du panneau **Index**, choisissez **Générer l'index** ou cliquez sur le bouton visible en bas du panneau.

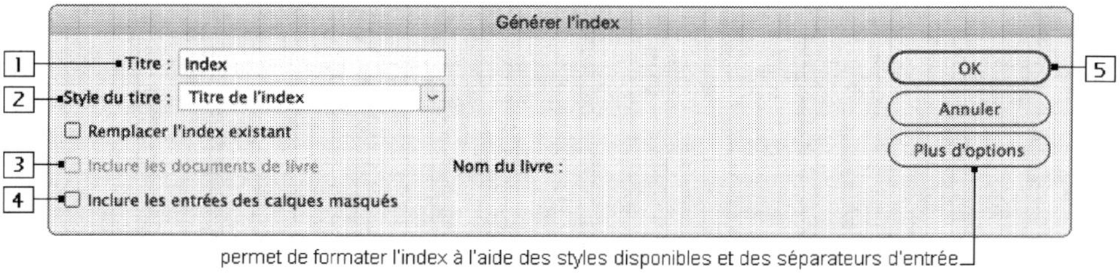

1 Saisissez le titre de l'index.

2 Sélectionnez le style de paragraphe que vous souhaitez appliquer au titre.

3 Cochez cette option si vous travaillez avec un livre.

4 Si des entrées sont placées dans des calques masqués, vous pouvez les inclure en cochant cette option.

5 Cliquez sur le bouton **OK**.

Le pointeur se transforme en texte chargé.

- Cliquez dans la page où l'index doit être inséré ou réalisez un cliqué-glissé pour créer le bloc de texte qui contiendra l'index.

C- Mettre à jour l'index

- Dans le menu des options du panneau **Index**, choisissez **Générer l'index** ou cliquez sur le bouton  visible en bas du panneau.
- Dans la boîte de dialogue **Générer l'index**, cochez l'option **Remplacer l'index existant**.
- Cliquez sur **OK**.

  Un message confirme le remplacement de l'index.

6.1 Les bibliothèques

Les bibliothèques d'objets ou d'éléments permettent de ranger toute une série d'objets récurrents : blocs de texte, blocs d'images, même des pages entières. Une fois la bibliothèque créée, vous pouvez y accéder dans tous les documents InDesign pour ajouter très rapidement un objet à votre composition. Vous pouvez utiliser deux types de bibliothèque : les bibliothèques locales enregistrées sur votre machine et les bibliothèques CC enregistrées sur Adobe Cloud.

A- Créer une bibliothèque locale

▷ **Fichier - Nouveau - Bibliothèque**

▷ Dans la fenêtre d'enregistrement, nommez et placez la bibliothèque à un endroit adéquat.

L'extension d'un fichier bibliothèque est .indl, pour InDesign Library.

Un panneau vide nommé comme le fichier s'affiche.

⇨ *Pour ouvrir une bibliothèque existante, utilisez la commande habituelle* ***Fichier - Ouvrir****.*

⇨ *Vous pouvez créer autant de bibliothèques que vous le souhaitez et vous pouvez les ouvrir simultanément.*

B- Ajouter des éléments dans une bibliothèque locale

▷ Sélectionnez l'objet à ajouter à la bibliothèque.

▷ Effectuez une des manipulations suivantes :

- Glissez-le et déposez-le dans le panneau de la bibliothèque.
- Dans le menu des options du panneau de la bibliothèque, choisissez **Ajouter un élément**.
- Cliquez sur le bouton du panneau de la bibliothèque.

▷ Pour afficher les éléments de la bibliothèque sous forme de liste ou sous forme de vignettes, choisissez l'option correspondante dans le menu des options du panneau de la bibliothèque.

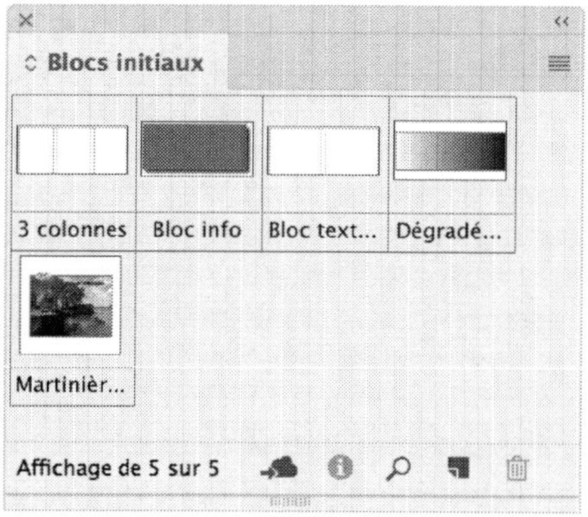

Vignettes

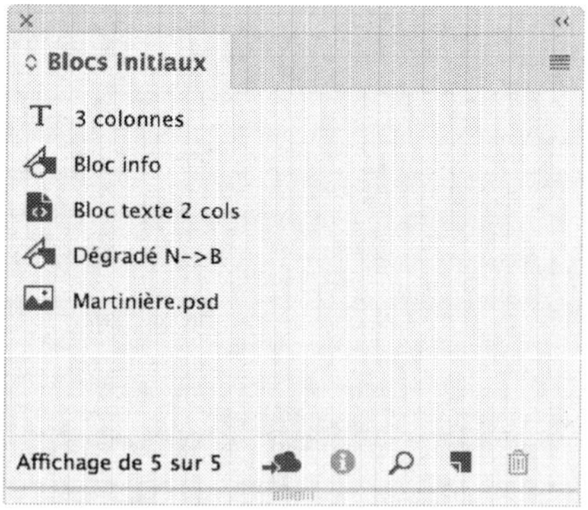

Liste

⇨ *L'option* ***Ajouter les éléments sur la page x*** *du menu des options du panneau permet de placer dans la bibliothèque tous les objets présents sur la page en cours.*

⇨ *Dans le menu des options du panneau de la bibliothèque, l'option **Trier les éléments** permet de trier les objets : par nom, du plus ancien au plus récent, du plus récent au plus ancien ou par type.*

⇨ *Lorsque plusieurs bibliothèques sont ouvertes, vous pouvez glisser-déposer un élément d'une bibliothèque ouverte à une autre : l'élément est alors copié. Si vous maintenez la touche* [alt] *(Mac) ou* [Alt] *(PC) durant le glissé-déposé, l'élément est déplacé.*

C- Définir les informations d'un élément d'une bibliothèque locale

▷ Sélectionnez l'élément dans la bibliothèque.

▷ Dans le menu des options, choisissez **Informations sur l'élément** ou cliquez sur le bouton ⓘ visible en bas du panneau, ou encore faites un double clic sur l'élément.

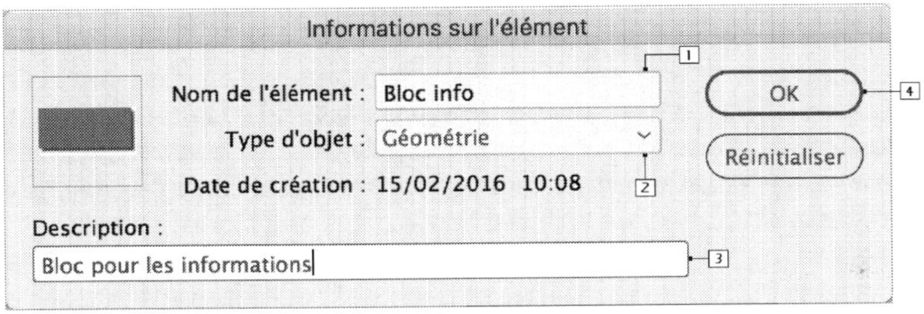

1 Saisissez le nom de l'objet.

2 Sélectionnez l'option correspondant au type de l'objet : **Image**, **EPS**, **PDF**, **Géométrie**, **Page**, **Texte**, **Structure** ou **Fichier InDesign**.

3 Saisissez une description succinte de l'objet.

4 Cliquez sur **OK**.

⇨ *Notez qu'en maintenant la touche* [alt] *(Mac) ou* [Alt] *(PC) enfoncée lorsque vous déposez un objet dans la bibliothèque, vous faites apparaître la fenêtre d'informations.*

D- Placer un élément d'une bibliothèque locale dans la page

▷ Dans le panneau de la bibliothèque, sélectionnez l'élément à placer.

▷ Dans le menu des options du panneau, choisissez **Importer un/des élément(s)**.

⇨ *Vous pouvez aussi simplement glisser et déposer l'objet de la bibliothèque sur la page courante.*

E- Rechercher un élément dans la bibliothèque locale

▷ Dans le menu des options du panneau de la bibliothèque, choisissez **Afficher le sous-ensemble** ou cliquez sur le bouton 🔍 visible en bas du panneau.

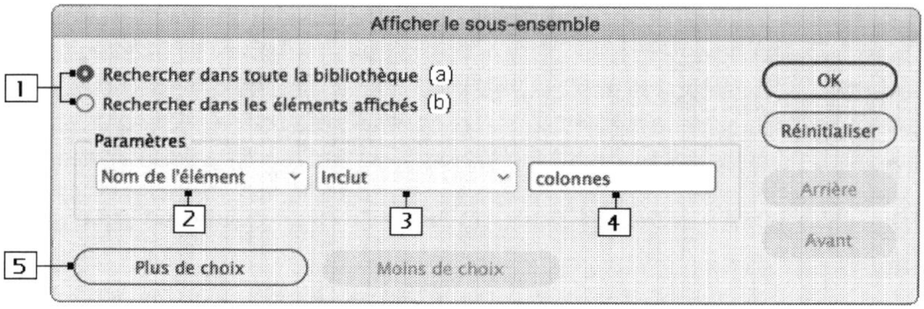

1 Activez l'option :

(a) Pour rechercher parmi tous les éléments présents dans la bibliothèque.
(b) Pour rechercher un objet dans une recherche préalable, dans le résultat d'une sélection d'objets déjà trouvés.

2 Sélectionnez le type de critère de recherche : **Nom de l'élément**, **Date de création**, **Type d'objet** ou **Description**.

3 Choisissez un paramètre de recherche : **Inclut** ou **Exclut**.

4 Saisissez votre critère de recherche.

5 Cliquez sur ce bouton pour définir d'autres critères.

Vous disposez alors d'une deuxième ligne de critères de recherche.

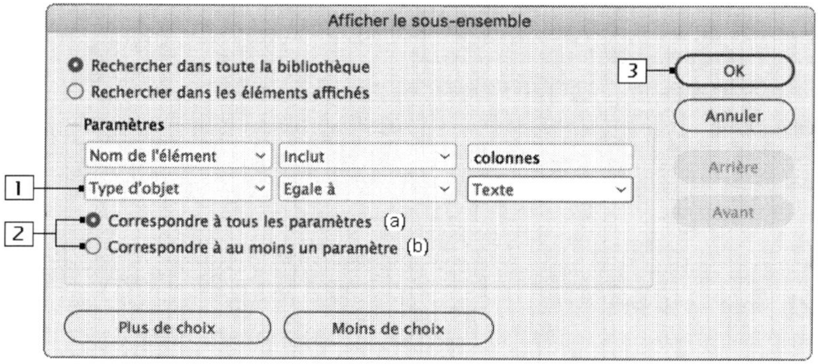

1 Définissez un second critère de recherche.

2 Activez l'option :

(a) Si les objets trouvés doivent répondre à tous les critères de recherche.
(b) Si les objets trouvés doivent répondre à au moins une des lignes de critères de recherche.

3 Cliquez sur **OK**.

Le panneau de la bibliothèque affiche les éléments trouvés répondant aux critères.

▷ Pour réafficher tous les éléments de la bibliothèque après une recherche, choisissez **Tout afficher** dans le menu des options du panneau.

F- Créer une bibliothèque CC

- **Fichier - Nouveau - Bibliothèque** ; confirmez la création de la bibliothèque CC en cliquant sur le bouton **Oui**.

  *InDesign affiche le panneau **Bibliothèques CC**.*

- Dans le menu des options du panneau, choisissez **Nouvelle bibliothèque**.
- Nommez votre bibliothèque et cliquez sur le bouton **Créer**.

  La bibliothèque est créée et son nom s'affiche dans la liste des bibliothèques disponibles.

ÉCHANGE D'ÉLÉMENTS

G- Ajouter des couleurs ou des styles à la bibliothèque CC

▷ Lors de la création de la couleur ou du style, cochez l'option **Ajouter à une bibliothèque CC** située au bas de la fenêtre **Nouvelle couleur** ou **Nouveau style de caractère** (ou **de paragraphe**) puis sélectionnez la bibliothèque créée précédemment dans laquelle vous souhaitez ajouter cet élément :

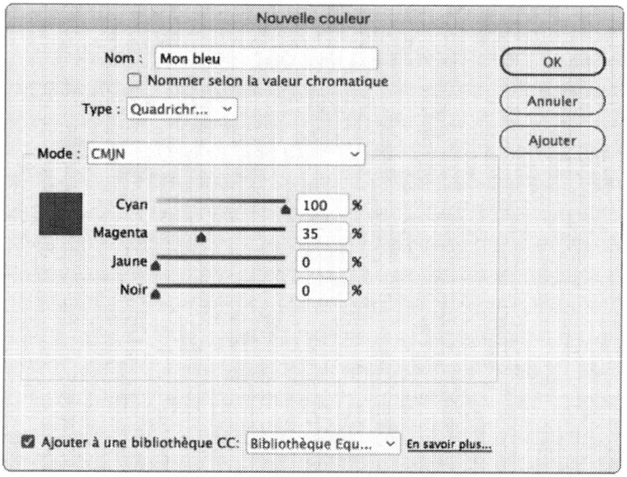

▷ Cliquez sur le bouton **OK**.

La nouvelle couleur (le nouveau style) est bien ajoutée au ***Nuancier*** *(au panneau des styles) et aussi à la bibliothèque CC :*

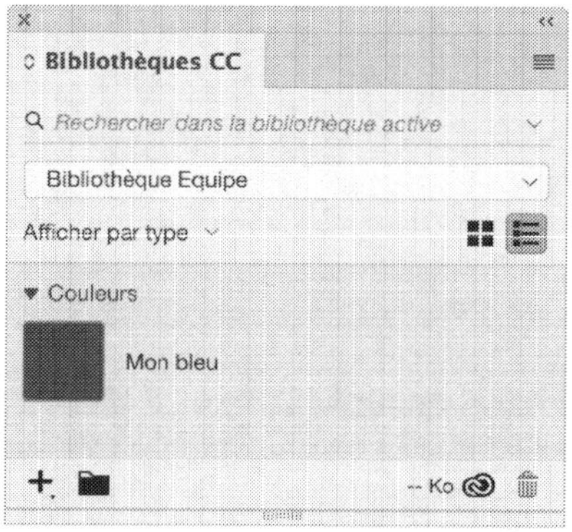

⇨ *Vous pouvez aussi ajouter une ou plusieurs couleurs (ou styles) déjà créées à la bibliothèque CC.*

H-Ajouter des images ou des graphiques à la bibliothèque CC

▷ Insérez une image dans votre composition InDesign.

▷ Par un cliqué-glissé, ajoutez-la à la bibliothèque CC.

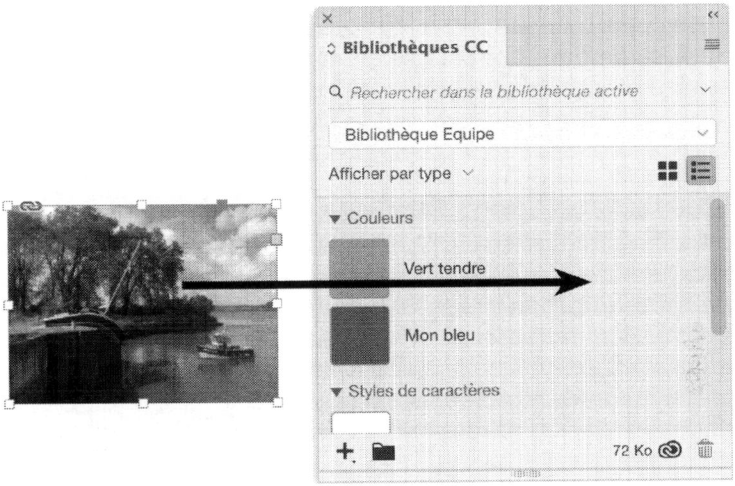

L'illustration est ajoutée.

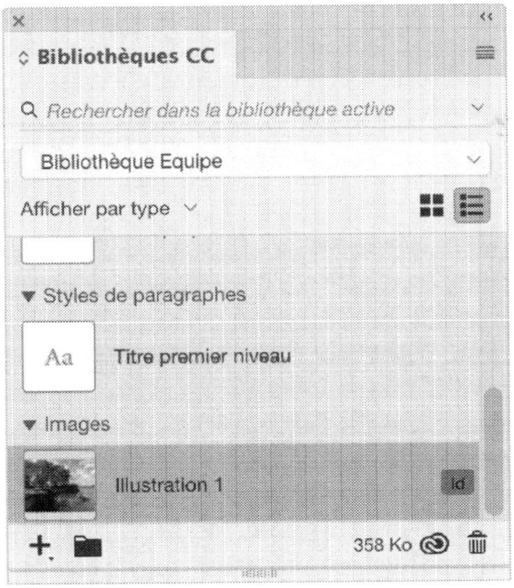

ÉCHANGE D'ÉLÉMENTS

I- Gérer les éléments des bibliothèques CC

▷ Vous pouvez choisir le type d'affichage que vous voulez : en icône ou en liste.

J- Gérer les bibliothèques CC

Vous pouvez créer plusieurs bibliothèques CC pour gérer plusieurs projets distincts. Dans ce cas, toutes vos bibliothèques CC seront disponibles dans la liste des bibliothèques.

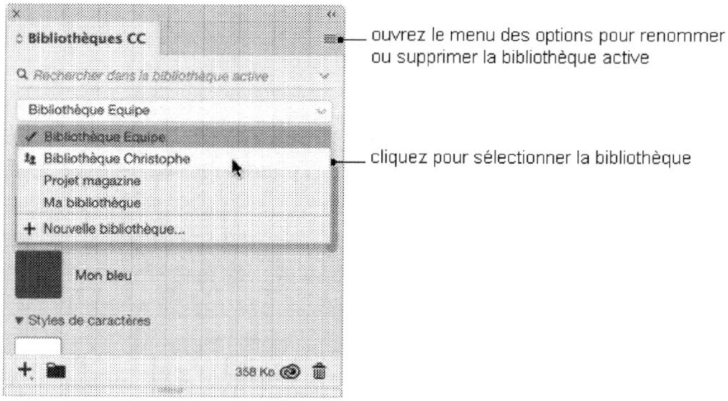

Vous pouvez partager une bibliothèque CC avec d'autres utilisateurs à travers le Cloud. Ceci va permettre de mettre à disposition vos ressources créatives pour des collaborateurs.

▷ Dans le menu des options des bibliothèques CC, choisissez **Collaborer**.

Vous êtes alors dirigé sur le Cloud d'Adobe, dans la gestion de votre compte. Vous avez ensuite la possibilité de partager cette bibliothèque avec qui vous souhaitez.

7.1 Impression

A- Imprimer la composition

▷ **Fichier - Imprimer** ou cmd ⌘ **P** (Mac), Ctrl **P** (PC)

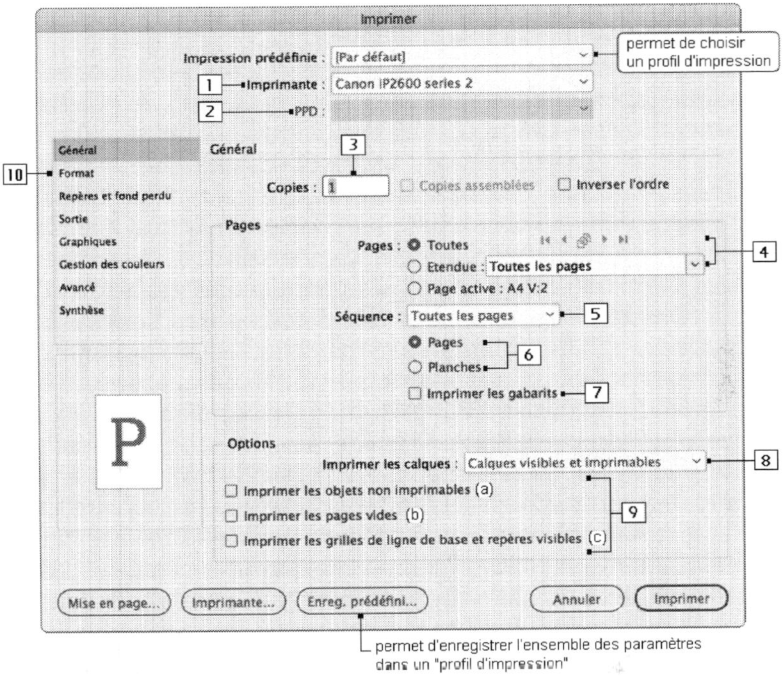

1 Sélectionnez l'imprimante sur laquelle sera imprimée votre composition.

2 Sélectionnez, si nécessaire, le fichier PPD correspondant à votre impression (un fichier PPD contient les informations propres au périphérique de sortie (polices, linéatures, résolution...)).

3 Indiquez combien d'exemplaires du document vous souhaitez imprimer.

4 Indiquez si vous souhaitez imprimer toutes les pages ou une partie.

5 Choisissez quelles pages vous souhaitez imprimer : **Toutes les pages**, les **Pages paires** ou les **Pages impaires**.

6 Activez l'option **Pages** pour imprimer une page par feuille ou l'option **Planches** pour imprimer les doubles pages sur la même feuille.

7 Cochez cette option pour imprimer les gabarits et non les pages courantes du document.

8 Indiquez quels sont les calques devant être imprimés.

9 Cochez les options :

(a) Pour imprimer les objets possédant l'option **Non imprimable** dans le panneau **Options d'objet**.
(b) Pour imprimer les pages qui ne contiennent aucun objet.
(c) Pour imprimer les grilles de ligne de base et repères visibles.

[10] Cliquez sur la catégorie **Format**.

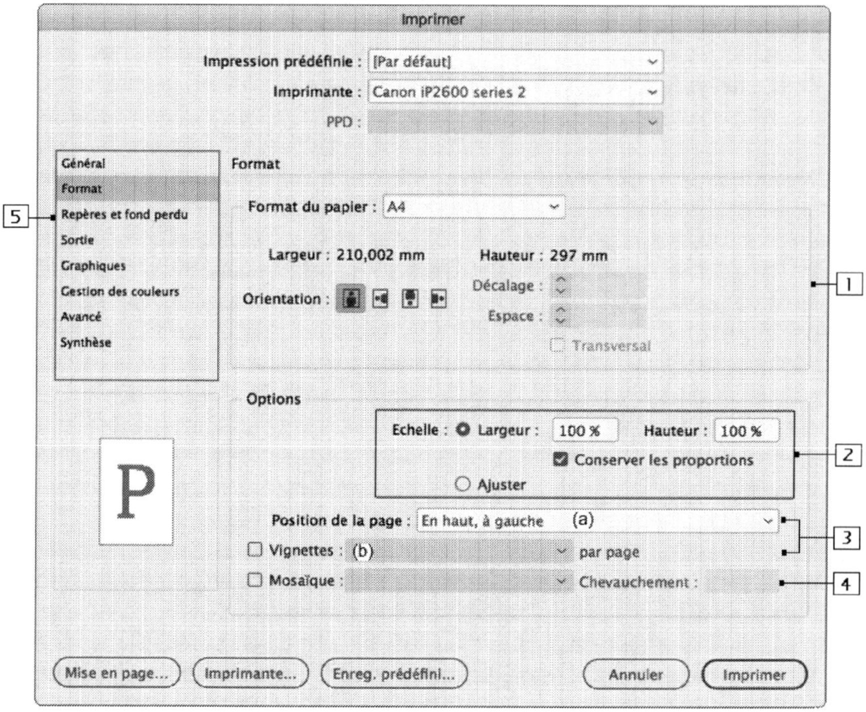

[1] Choisissez le format et l'orientation du papier sur lequel sera imprimé le document.

[2] Utilisez cette zone si vous souhaitez modifier la taille du document. L'option **Ajuster** permet de calculer le redimensionnement du document par rapport à la taille de la sortie papier.

[3] Si vous imprimez un document de taille inférieure à celle du papier d'impression, indiquez la position de la page dans la feuille (a) ou cochez l'option (b) pour indiquer le nombre de pages à imprimer par feuille.

[4] Si vous imprimez un document de taille supérieure à celle du papier d'impression, utilisez cette option pour indiquer comment InDesign va "couper" le document. La zone **Chevauchement** permet de spécifier les zones communes aux pages qui seront imprimées sur chaque page (afin de vous permettre ensuite de reconstituer le document complet en superposant les zones de chevauchement).

[5] Cliquez sur la catégorie **Repères et fond perdu**.

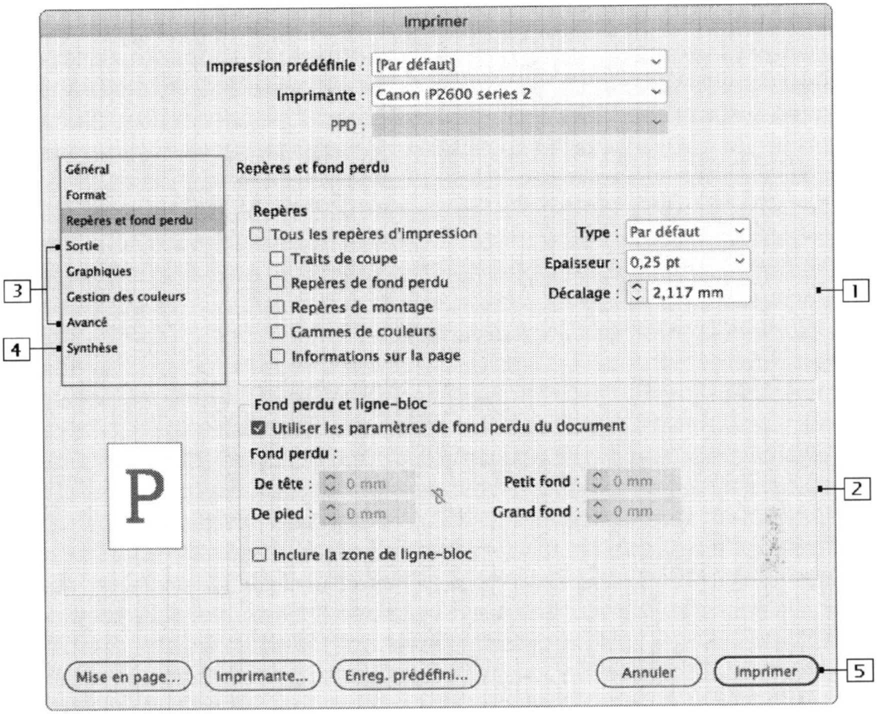

[1] Indiquez si les différents repères du document doivent être imprimés et avec quelle mise en forme.

[2] Spécifiez les paramètres du fond perdu et de la ligne-bloc sur les feuilles d'impression.

[3] Réglez les autres catégories de paramètres avancés avec l'aide de votre imprimeur car certains paramètres dépendent du matériel de votre prestataire d'impression .

Sortie : permet d'indiquer comment les couleurs seront envoyées à l'imprimante.

Graphiques : permet de spécifier les paramètres des graphiques présents dans le document ainsi que le téléchargement des polices.

Gestion des couleurs : permet à l'imprimeur de spécifier les environnements colorimétriques de la source et de l'impression.

Avancé : permet à l'imprimeur de gérer son serveur d'impression OPI et l'aplatissement des transparences.

[4] Pour visualiser tous les paramètres spécifiés pour cette impression, cliquez sur la catégorie **Synthèse**.

[5] Cliquez sur **Imprimer** pour lancer l'impression.

⇨ *Avant de lancer l'impression, vous pouvez simuler l'aspect du document que vous aurez à l'impression, le résultat étant proche de la réalité si votre chaîne graphique est bien calibrée et si vous utilisez les profils ICC colorimétriques : utilisez le menu* ***Affichage - Mode de l'écran - Aperçu****.*

B- Créer un assemblage pour l'imprimeur

Si vous devez fournir une composition InDesign à un imprimeur, vous devez être sûr de lui fournir tous les éléments nécessaires : document InDesign, images et fontes. Pour ne rien oublier, vous pouvez créer un assemblage qui intègre tous les éléments.

▷ **Fichier - Assemblage** ou [cmd ⌘] [⇧] [alt] **P** (Mac), [Ctrl] [⇧] [Alt] **P** (PC)

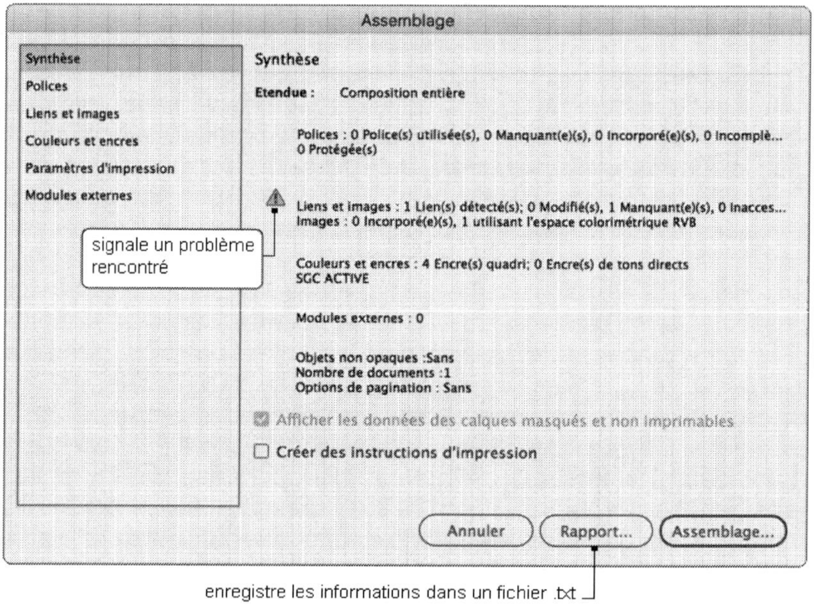

▷ Consultez les différentes catégories :

Polices	Liste toutes les fontes utilisées (et leur type) dans le document.
Liens et images	Liste les images utilisées dans le document, avec le chemin d'accès aux fichiers sources, les profils ICC, le mode colorimétrique...
Couleurs et encres	Liste les couleurs utilisées (type, angle, linéature).
Paramètres d'impression	Indique les paramètres utiles à l'impression : taille, fond perdu, couleur, fichier PPD...
Modules externes	Liste les éventuels plug-ins utilisés : InDesign permet l'utilisation de modules externes (plug-in) qui permettent d'augmenter les fonctionnalités du logiciel.

▷ Si aucun problème n'est signalé, cliquez sur le bouton **Assemblage** pour effectuer l'assemblage.

▷ Renseignez les informations (**Nom de fichier**, **Contact**...) dans la fenêtre qui s'affiche puis cliquez sur **Continuer**.

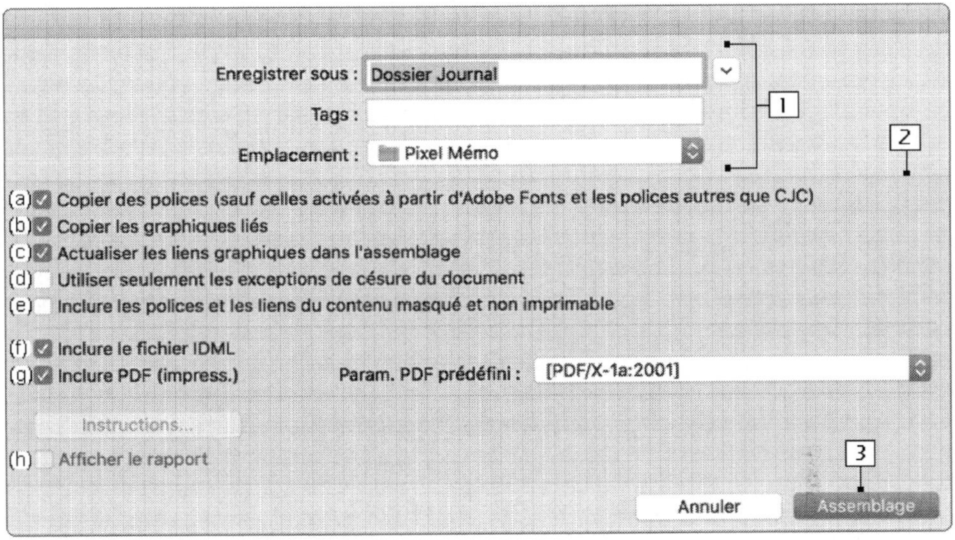

1 Indiquez le nom du dossier d'assemblage et son emplacement.

2 Cochez les options :

(a) Pour copier toutes les polices utilisées dans la composition.
(b) Pour copier dans le dossier d'assemblage toutes les images liées dans la composition.
(c) Pour lier les images copiées dans le dossier d'assemblage à la composition copiée dans le dossier d'assemblage.
(d) Pour utiliser les exceptions de césure incorporées au document et non pas celles du dictionnaire personnel local stocké sur votre machine. Ainsi, pour le prestataire extérieur, il n'y aura pas de lien vers votre dictionnaire personnel.
(e) Pour copier dans le dossier d'assemblage les polices et les images utilisées dans des calques masqués.
(f) Pour enregistrer le dossier d'assemblage pour des versions antérieures.
(g) Pour enregistrer le dossier d'assemblage au format PDF.
(h) Pour afficher le document texte des instructions pour le prestataire : coordonnées du demandeur, polices, paramètres d'impression...

3 Créez le dossier.

Le dossier d'assemblage contient alors :

- *un dossier **Document fonts** avec les polices utilisées dans la composition,*
- *un fichier **Instructions.txt**,*
- *la composition .indd,*
- *un dossier **Links** contenant toutes les images utilisées dans la composition.*

Vous pouvez alors transmettre ce dossier d'assemblage au destinataire.

7.2 Le format PDF

Le format PDF (Portable Document Format) permet de créer des documents lisibles sur toutes les plates-formes courantes (Mac, Windows, Linux et Unix) avec Acrobat Reader qui est un logiciel gratuit et librement diffusable ou toute autre application sachant afficher du PDF. Le document PDF respecte la mise en page et la typographie du document source.

Le format PDF est le format le plus utilisé pour envoyer des documents à imprimer, il contient tous les éléments : polices, images haute résolution et il est plus léger.

A- Exporter au format PDF

▷ **Fichier - Exporter** ou [cmd ⌘] **E** (Mac), [Ctrl] **E** (PC)

▷ Dans la liste **Format** (Mac) ou **Type** (PC), choisissez **Adobe PDF (impression)** puis cliquez sur le bouton **Enregistrer**.

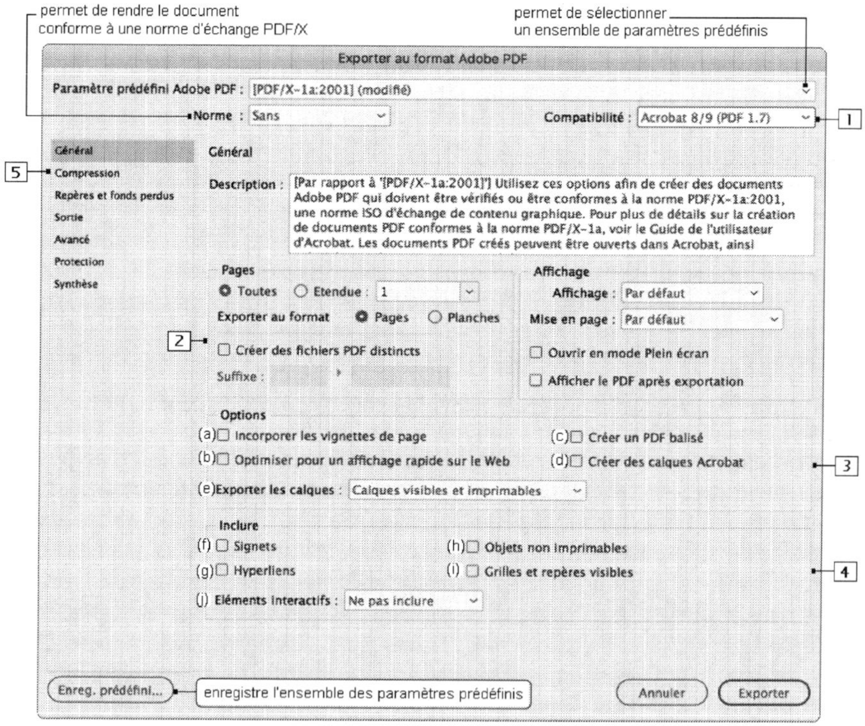

[1] Choisissez le niveau de compatibilité pour votre document.

[2] Indiquez quelles pages vous souhaitez imprimer.

[3] Cochez les options :

(a) Pour créer un petit aperçu de chaque page dans une vignette.

(b) Pour réduire la taille du fichier pour une optimisation pour le Web.

(c) Pour créer un document PDF où les éléments constitutifs du fichier (paragraphes, mise en forme simple du texte...) sont référencés. Ces balises ne seront accessibles qu'à partir de la version 6 d'Acrobat.

(d) Pour enregistrer les calques InDesign (même ceux qui sont masqués), sous la forme de calques Acrobat dans le document PDF. Cette option n'est compatible qu'avec la version 1.5 du format PDF.

(e) Pour indiquer quels sont les calques devant être exportés dans le fichier PDF.

4 Indiquez les éléments à inclure :

(f) Crée des signets, des liens, sur les entrées de la table des matières à condition que vous ayez coché l'option **Créer des signets PDF** lors de la construction de la table des matières.

(g) Crée des liens hypertextes sur les entrées de la table des matières et sur les entrées d'index.

(h) Inclut dans le PDF les objets possédant l'option **Non imprimable** dans le panneau **Options d'objet**.

(i) Exporte les repères de marge, les repères de règle, les repères de colonne et les grilles de ligne de base.

(j) Exporte les vidéos, les sons et les boutons.

5 Pour déterminer comment vont être compressées les images du document, cliquez sur la catégorie **Compression**.

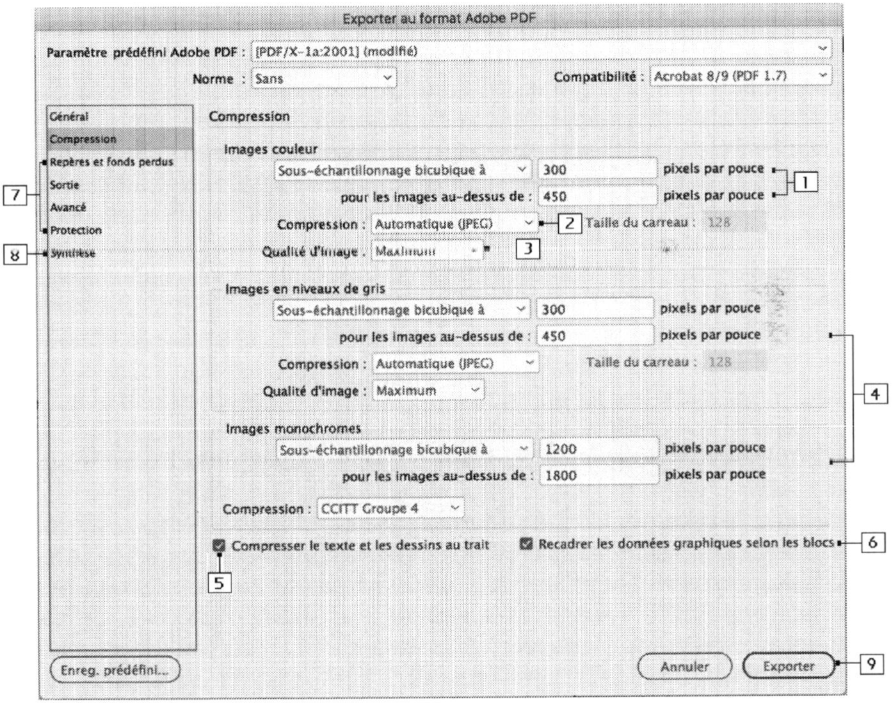

DIFFUSION

1 Choisissez de **Ne pas sous-échantillonner** les images couleur ou indiquez la méthode de calcul pour réduire la résolution à la valeur indiquée dans la zone **pixels par pouce**, pour les images dépassant la valeur indiquée dans la zone **pour les images au-dessus de X pixels par pouce** :

Sous-échantillonnage bicubique à	Utilise une moyenne pondérée pour calculer la couleur des pixels et donne généralement les meilleurs résultats.
Echantillonnage à	Prend un pixel au centre de la zone échantillon puis remplace cette zone par le pixel à la résolution indiquée.
Interpolation à	Calcule la couleur moyenne de la zone échantillon puis remplace cette zone par cette couleur à la résolution indiquée.

2 Indiquez le format des images couleur compressées :

Automatique	Laisse le choix du format à InDesign.
JPEG	Donne de bons résultats pour les images couleur et en niveaux de gris. Le JPEG est une compression destructive. Le **JPEG 2000** est un nouveau format uniquement compatible avec la version 1.5 du PDF.
ZIP	Convient bien aux images ayant de larges aplats de couleurs ou des motifs répétitifs.

3 Déterminez le niveau de compression des images couleur.

4 Paramétrez de la même façon les **Images en niveaux de gris** et les **Images monochromes**. Le format de compression **CCITT** convient parfaitement aux images en noir et blanc.

5 Cochez cette option pour appliquer une compression ZIP au texte et aux dessins au trait.

6 Cochez cette option pour compresser uniquement les parties visibles des images dans les blocs.

7 Suivant vos besoins, accédez aux catégories :

Repères et fonds perdus	Pour faire apparaître dans le PDF certains repères et/ou le fond perdu et la ligne-bloc.
Sortie	Pour définir notamment les paramètres de gestion des couleurs et la stratégie d'incorporation des profils ICC.
Avancé	Pour gérer les jeux de polices et l'aplatissement de la transparence.
Protection	Pour protéger le fichier (ouverture, modification ou impression) à l'aide de mots de passe.

8 Cliquez sur la catégorie **Synthèse** pour visualiser l'ensemble des paramètres définis.

9 Cliquez sur le bouton **Exporter** pour créer le fichier PDF.

*Si vous avez coché l'option **Afficher le PDF après exportation** (catégorie **Général**), le fichier s'ouvre dans l'application **Adobe Reader**.*

⇨ *Pour définir les paramètres d'exportation PDF en dehors de l'export en PDF, utilisez la commande **Fichier - Paramètres prédéfinis Adobe PDF** et choisissez **Définir**.*

7.3 La publication en ligne

A- Publier des documents en ligne

La publication en ligne, Publish Online, permet de publier vos documents en ligne et de les partager sur différents réseaux sociaux. Ces documents seront gérés dans votre compte Creative Cloud.

▷ **InDesign** (Mac)/**Edition** (PC) - **Préférences - Publish Online** : l'option **Désactiver Publish Online** ne doit pas être cochée.

▷ Ouvrez le document qui doit être publié.

▷ **Fichier - Publish Online**, ou cliquez sur le bouton **Publish Online** dans la barre d'application.

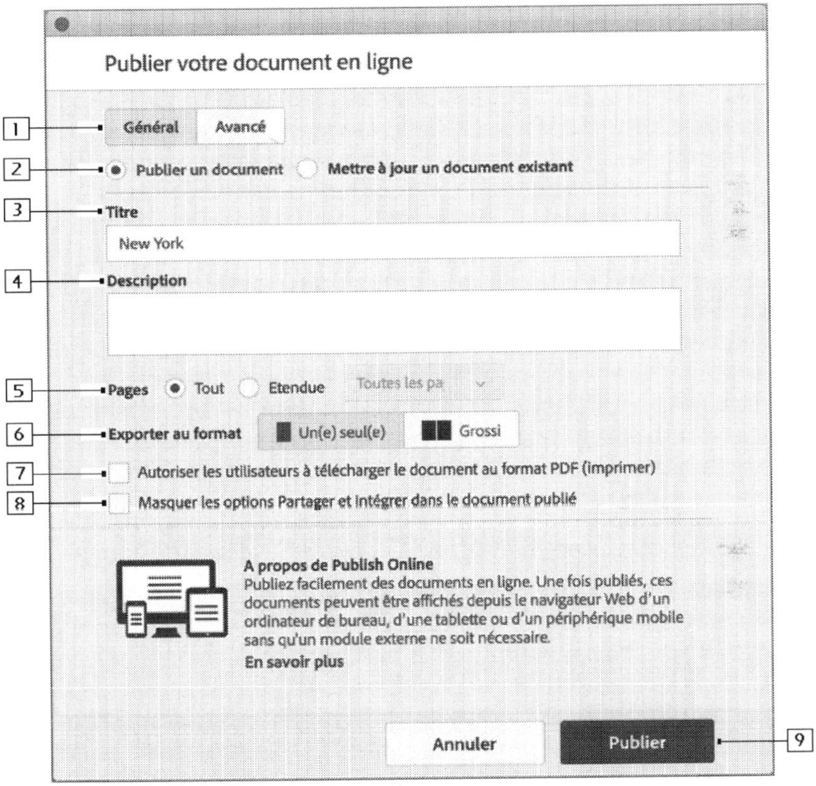

DIFFUSION

1 Sélectionnez l'onglet **Général**.

2 Laissez l'option **Publier un document** active.

3 Vous pouvez modifier le nom du fichier.

4 Saisissez une description du document.

5 Cochez **Tout** pour publier toutes les pages du document ou **Etendue**, pour choisir quelles sont les pages à publier.

[6] Choisissez **Un(e) seul(e)** pour n'afficher qu'une seule page du document dans le navigateur ou **Grossi** pour afficher deux pages.

[7] Cochez cette option pour permettre aux utilisateurs de créer un PDF du document et de le télécharger.

[8] Cochez cette option pour masquer les boutons de partage et d'intégration dans le document en ligne.

[9] Cliquez sur le bouton **Publier**.

Le document est publié en ligne :

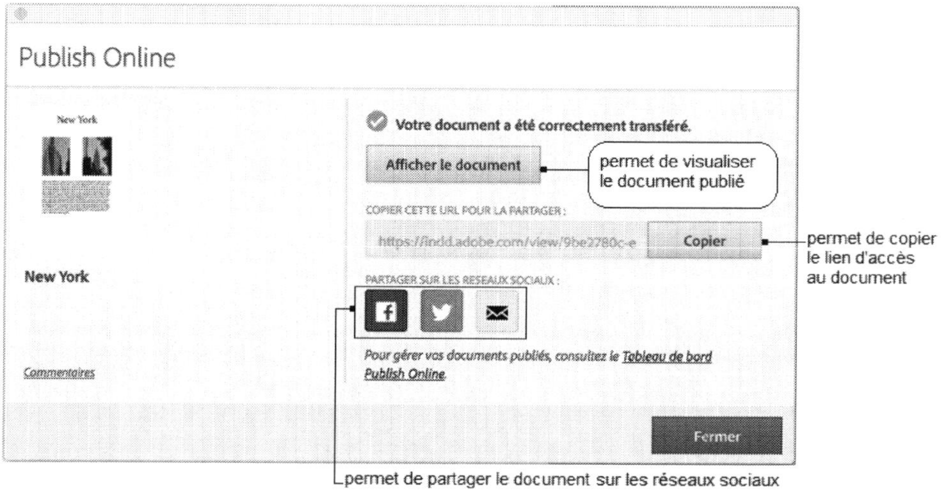

B- Gérer les documents publiés

▷ Dans la fenêtre **Publish Online**, cliquez sur le lien **Tableau de bord Publish Online**.
Ou, si la fenêtre **Publish Online** est fermée, utilisez **Fichier - Tableau de bord Publish Online**.

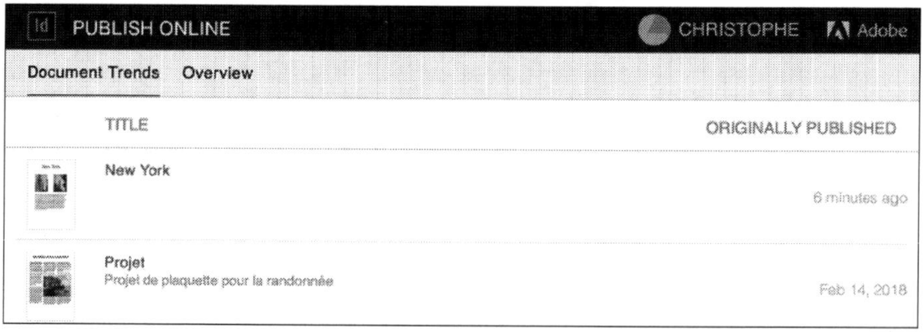

▹ Survolez le document :

(a) Afiche les statistiques de partage du document.

(b) Permet de partager le document par son URL et sur les réseaux sociaux.

(c) Affiche le code HTML nécessaire pour incorporer le document dans une page web.

(d) Supprime le document après une confirmation.

Z